JN301710

感情・気持ちをネイティヴに完璧に伝える英会話表現1800フレーズ

長尾和夫＋アンディ・バーガー●著

三修社

はじめに

　みなさんは、自分の好きな物事を英語で表現するとき、どのような言い方をしているでしょうか？
　もちろん、中学や高校で学習した、
　I like … (…が好き) という言い方や、I love …. (…が大好き) というフレーズは有名ですね。ただ残念なことは、標準的な日本人が「好き嫌い」について英語で話すときに使用する表現も、ほぼこの２つに限定されてしまっていることなのです。

　しかし、一方で英語のネイティヴスピーカーはどうなのかと言えば、もちろんこの２表現以外にも、多種多様な言い回しを駆使しながら、物事の好悪に言及します。
　ここでほんの一部をざっと紹介してみますが、こんなに表現があるのかときっと驚かれることでしょう。
　例えば、「…が大好き！」と表現する場合だけを例に取ってみても、こんなにたくさんあるのです。

　　I'm crazy about Lady Gala!（レディー・ガラが大好き！）
　　I go crazy for Italian gelato!（イタリアン・ジェラートが大好き！）
　　I'm wild about scary movies!（恐怖映画が超好きなの！）
　　I'm big time into yoga and meditation!
　　　（ヨガと瞑想に、ものすごくハマってるの！）
　　I'm really into water sports!（マリンスポーツにハマってるの！）
　　I'm a big fan of kabuki!（歌舞伎の大ファンなの！）
　　I'm quite fond of mystery novels.（ミステリー小説が大好きです）
　　I'm partial to black and white movies.
　　　（昔のモノクロ映画に目がないんですよ）

さらにこれら以外にも、

　　My big thing is …!（大好なことは…です）
　　My main interest is ….（私のおもな関心事は…です）
　　My favorite pastime is ….（お気に入りの余暇の過ごし方は…です）

といった「大好きなものは…だ」と表現するパターンのフレーズ群や、

 You can't beat ...!（…に勝るものはないね！）
 You can't top ...!（…を越えるものはないよ！）
 There's nothing I like better than ...!（…ほど大好きなものはないですよ）

といった「…に勝るものはない」といったパターンの言い方など、ありとあらゆるフレーズで、ネイティヴは物事の好き嫌いを表現します（本文中では、さらにもっと多くの表現を紹介しています：p. 90-94 参照）。

さて、みなさんはこれらの表現のうちいくつをご存知だったでしょうか？
もちろん、このすべての英会話フレーズを自分で話せる必要はないかもしれません。
ただ、私がここで言いたいのは、ネイティヴとの実際の会話の中では、ここで紹介したような表現が、毎回必ず、それも頻繁に登場してくるということなのです。
もちろんだれが相手であっても、その相手が言ったことが理解できなければ話にはなりません。そして知らない言葉は理解できないのです。
そこで本書の編集スタッフは、できるだけ多くの感情表現、気持ちの表現をみなさんに知ってもらいたいと考えました。知っていれば、理解でき、理解できれば反応できる、反応できれば話は必然的に進んでいき、盛り上がっていくのです。

本書は、そういう意味で言えば、**「ネイティヴが日常で頻繁に使用する感情や気持ちの英会話フレーズの代表格を一冊にまとめようと試みたもの」**ものです。みなさんには、ぜひとも本書のフレーズをすべて知っておいていただきたいのです。
もちろん、本書に含まれているのは、「大好き」という意味合いを伝える表現のみではありません。本書では、**ありとあらゆる、感情や気持ちを表す英語表現を網羅し、できるだけ多くの類似表現をパターンや機能別に分類**しておきました。

さらに本書では、そのフレーズがどのようなときに使われるのかを理解してもらうために、すべての表現について、その堅苦しさ、カジュアルさをグラフィカルに示してあります。
各フレーズの頭に ■■■□ のようなグラフを表示していますが、それを見ることで、その表現が友達同士で使えるものか、あるいはかなりフォーマルな場面に限定されるものかも一目瞭然にわかるような仕組みとしました。

はじめに

　本書のタイトルは『感情・気持ちをネイティヴに完璧に伝える英会話表現1800フレーズ』とやや挑発的ではありますが、実際本書に登場する表現がすべて身についたとしたら、ほとんど彼らとの気持ちのやり取りで困ることはなくなることでしょう。
　ただ、焦る必要はありません。まずは、本書に登場する表現を読み、聴き、書き、口に出したりしながら、ゆっくり身につけていってください。
　まずは、ネイティヴの言ったことを理解すること。そこからはじめて、さらに自分でも**ネイティヴ流の思考パターンで英語を発話し、十分に気持ちを伝えられるようになる**ために日々精進していきましょう！

　本書が、英語でネイティヴとコミュニケートする能力を高めようとするみなさんのお役に立ち、日本人の国際コミュニケーション能力向上の一助となれば、著者としてこれに勝るよろこびはありません。
　最後になりますが、本書の企画・制作にご尽力いただいた三修社のスタッフのみなさん全員に、この場を借りてお礼を申し上げたいと思います。

2010年 七夕の節句に
A+Café 代表　長尾和夫

Contents

はじめに　3
Key Phrases　9
本書の使い方　22

Chapter 1　日常のあいさつフレーズ
❖ *Part 1*　知人にあいさつする　— *Greetings for Those You Know*　26
❖ *Part 2*　あいさつへの受け答え　— *Greetings: Replies*　32
❖ *Part 3*　別れのあいさつをする　— *Saying Goodbye*　34

Chapter 2　紹介のフレーズ
❖ *Part 4*　紹介する、紹介を受ける　— *Introductions*　42
❖ *Part 5*　初対面のあいさつをする　— *Greetings When Meeting*　47
❖ *Part 6*　名前を名乗る、自己紹介する　— *Introducing Oneself*　50
❖ *Part 7*　知らない人に声をかける　— *Meeting for the First Time*　52

Chapter 3　見知らぬ人への話しかけフレーズ
❖ *Part 8*　見知らぬ人に話しかける、たずねる　— *Getting Someone's Attention*　57
❖ *Part 9*　身近な話題で話しかける　— *Making Small Talk*　60

Chapter 4　会話を始め、つなぐフレーズ
❖ *Part 10*　話を切り出すひとこと　— *Starting a Conversation*　68
❖ *Part 11*　あいづちを打つひとこと　— *Simple Phrases Amid Conversation*　74
❖ *Part 12*　会話の間に入れるひとこと　— *Pausing and Keeping a Conversation Going*　81

Chapter 5　好悪と興味の英会話フレーズ
❖ *Part 13*　好みや興味をたずねるフレーズ　— *Asking about Likes and Interests*　87
❖ *Part 14*　好みや興味を答えるフレーズ　— *Expressing Likes and Interests*　90
❖ *Part 15*　好きじゃない、興味がないとき　— *Expressing Dislikes and Lack of Interest*　95

Chapter 6　乗り気や関心の英会話フレーズ
❖ *Part 16*　相手の乗り気をたずねるフレーズ　— *Checking Another's Enthusiasm Level*　99
❖ *Part 17*　乗り気だ、関心あると言うとき　— *Expressing Enthusiasm*　101
❖ *Part 18*　乗り気ではないとき、遠慮するとき　— *Expressing Lack of Enthusiasm*　103

Chapter 7　期待、欲求のフレーズ
❖ *Part 19*　期待感をたずねるフレーズ　— *Asking about Anticipation*　107
❖ *Part 20*　期待や望みを伝えるフレーズ　— *Expressing Hope and Anticipation*　108
❖ *Part 21*　期待していないとき、恐れているとき　— *Expressing Dread or Disinterest*　111

Chapter 8　よろこびの英会話フレーズ
❖ *Part 22*　幸福感、満足感をたずねるフレーズ　— *Asking If Happy or Satisfied*　114
❖ *Part 23*　うれしさを伝えるフレーズ　— *Expressing Happiness*　115

Contents

Chapter 9　印象の英会話フレーズ
- *Part 24*　感動や印象をたずねるフレーズ　— *Asking Impressions*　120
- *Part 25*　感動や印象を伝えるフレーズ　— *Giving Impressions*　121
- *Part 26*　感動しなかった、つまらなかったとき　— *Expressing Boredom and Disappointment*　123

Chapter 10　楽しさ、おかしさのフレーズ
- *Part 27*　楽しさ、おもしろさをたずねるフレーズ　— *Asking about Fun Things*　127
- *Part 28*　楽しさ、おもしろさを伝えるフレーズ　— *Talking about Fun Things*　129
- *Part 29*　つまらない、笑えないと言うとき　— *Talking about Things That Aren't Fun*　132

Chapter 11　失敗と恥ずかしさのフレーズ
- *Part 30*　失敗したときのひとこと　— *Expressions When Making Mistakes*　134
- *Part 31*　恥ずかしいときのひとこと　— *Expressing Embarrassment*　137

Chapter 12　驚きの英会話フレーズ
- *Part 32*　驚きを確認するフレーズ　— *Asking If Surprised*　140
- *Part 33*　驚きを表すフレーズ　— *Expressing Surprise*　140
- *Part 34*　驚いてはいないと言う　— *Expressing Lack of Surprise*　143

Chapter 13　怒りの英会話フレーズ
- *Part 35*　怒りを確認するフレーズ　— *Checking If Someone is Angry*　146
- *Part 36*　怒りを表すフレーズ　— *Expressing Anger and Irritation*　147
- *Part 37*　怒りを制止するフレーズ　— *Attempting to Defuse Anger*　150

Chapter 14　意気消沈の英会話フレーズ
- *Part 38*　落胆の気持ちをたずねるフレーズ　— *Asking about Bad Feelings*　153
- *Part 39*　落胆、落ち込み、悲しみのフレーズ　— *Expressing Sadness and Disappointment*　155
- *Part 40*　大丈夫、たいしたことないと言うとき　— *Saying It's Okay*　157

Chapter 15　心配、緊張、恐怖のフレーズ
- *Part 41*　心配、緊張、恐れをたずねる　— *Asking about Worry, Fear and Anxiety*　160
- *Part 42*　心配、緊張、恐れを伝えるフレーズ　— *Expressing Worry, Fear and Anxiety*　161

Chapter 16　思いやりの英会話フレーズ
- *Part 43*　同情の気持ちを伝えるフレーズ　— *Expressing Sympathy*　167
- *Part 44*　気遣い、元気づけるフレーズ　— *Cheering Up Others*　169
- *Part 45*　忘れてしまいなさいと伝える　— *Telling Someone to Let Go of the Past*　173
- *Part 46*　自分は大丈夫と、元気を出すフレーズ　— *Saying You're Okay*　174

Chapter 17　安心感を伝えるフレーズ
- *Part 47*　安心感を確認するとき　— *Asking If Relieved*　178
- *Part 48*　安心した、ほっとしたと言う　— *Expressing Relief*　179
- *Part 49*　安心した相手にかける言葉　— *Expressing Relief about Others*　180

Chapter 18 激励の英会話フレーズ
- Part 50 がんばれ、その調子だと伝える言葉 — *Words of Encouragement*　182
- Part 51 必ずうまくいくと励ます言葉 — *Showing Confidence in Others*　184

Chapter 19 ほめる英会話フレーズ
- Part 52 すばらしいとほめる言葉 — *Words of Strong Praise (1)*　188
- Part 53 仕事や才能をほめるフレーズ — *Words of Strong Praise (2)*　189

Chapter 20 相手を祝福するフレーズ
- Part 54 お祝いの言葉 — *Words of Congratulations*　194
- Part 55 相手をうらやむ英語表現 — *Expressing Envy and Jealousy*　197
- Part 56 祝杯の英語表現 — *Words Used for Toasting*　199

Chapter 21 ほめ言葉や祝福への返事
- Part 57 お祝いの言葉への反応フレーズ — *Replies to Being Praised*　202
- Part 58 謙遜するひとこと — *Expressions of Modesty*　203
- Part 50 謙遜への返答フレーズ — *Response to Other's Modesty*　205

Chapter 22 感謝とお礼のフレーズ
- Part 60 相手に感謝するフレーズ — *Expressions of Gratitude*　208
- Part 61 感謝の言葉に返すフレーズ — *Responding to Thanks*　212

Chapter 23 謝罪のフレーズとその返事
- Part 62 相手に謝罪するフレーズ — *Offering Apologies*　216
- Part 63 自分の責任を認めるフレーズ — *Taking the Blame*　218
- Part 64 後悔と反省のフレーズ — *Words of Regret*　219
- Part 65 相手に許しを請うフレーズ — *Asking for Forgiveness*　223
- Part 66 謝罪を受け入れる表現 — *Expressions of Forgiveness*　224
- Part 67 相手を許せないとき — *Refusing to Forgive*　226

Chapter 24 祝日のあいさつ、弔意の表現
- Part 68 祝日のあいさつ表現 — *Greetings for Special Days*　229
- Part 60 葬儀や不幸の場面のひとこと — *Expressing Condolences and Deep Sympathy*　229

Chapter 25 緊急時の英語、注意喚起の表現
- Part 70 注意を喚起するひとこと — *Giving Warnings about Danger*　233
- Part 71 危険な場面のサバイバル英語 — *Expressions for Emergency Situations*　235

Key Phrases

Chapter 1　日常のあいさつフレーズ

Part 1　知人にあいさつする

001	『やあ！』	Hey!	26
002	『おはよう！』	Good morning!	26
003	『調子はどう？』	How are you?	27
004	『うまくいってる？』	Everything going okay?	27
005	『仕事はどう？』	How are things at work?	28
006	『最近はどうしてるの？』	What have you been up to?	29
007	『久しぶり！』	Long time, no see!	29
008	『どうしてたのさ？』	Where have you been?	30
009	『会いたかったんだよ！』	Just the person I was looking for!	30
010	『ばったり会えてよかった！』	I'm so glad I ran into you!	31
011	『世間は狭いね！』	It's a small world!	31

Part 2　あいさつへの受け答え

012	『うまくいってるよ』	Doing well, thanks.	32
013	『最高だよ！』	Fantastic!	32
014	『まあまあだね』	I'm doing okay.	33
015	『相変わらずだよ』	Same as usual.	33
016	『実はあまりよくないんだ』	Not so good, actually.	34

Part 3　別れのあいさつをする

017	『そろそろお暇しなきゃ』	I've got to run!	34
018	『じゃあ、また！』	See you!	35
019	『電話するね』	I'll call you.	35
020	『またすぐにね』	See you soon.	36
021	『気をつけてね』	Take care.	36
022	『楽しい一日をね！』	Have a good day!	37
023	『お会いできてよかった』	It was great seeing you!	38
024	『今日はありがとうございました！』	Thanks for today!	38
025	『とても楽しかったです』	I've had such a good time!	39
026	『…によろしく！』	Tell ... I said hi!	39

Chapter 2　紹介のフレーズ

Part 4　紹介する、紹介を受ける

027	『こちらが…さんです』	This is	42

028	『…は古い友人なんです』	... is an old friend.	42
029	『…に会ったことは？』	Have you met ...?	43
030	『…はご存知ですか？』	Do you know ...?	44
031	『…に会ったことはある？』	Have you met ...?	44
032	『…さんを紹介してもいいですか？』	May I introduce ...?	45
033	『紹介してもらえますか？』	Would you introduce ...?	45
034	『お会いしてないと思います』	I don't believe we've met.	46
035	『ご紹介いただいてますよ』	We've been introduced.	46
036	『（お名前を）思い出せません』	I don't recall (your name).	47

Part 5　初対面のあいさつをする — Greetings When Meeting

037	『はじめまして！』	Nice to meet you.	47
038	『お会いできてうれしいです』	I'm very happy to meet you.	48
039	『お噂はかねがね』	I've heard a lot about you!	49
040	『ずっとお会いしたかったんです』	I've been wanting to meet you.	49
041	『こちらこそ、はじめまして』	Nice to meet you too.	50

Part 6　名前を名乗る、自己紹介する — Introducing Oneself

042	『私は…です』	I'm	50
043	『…と呼んでください』	Please call me	51
044	『…のルームメイトなんです』	I'm -'s roommate.	51

Part 7　知らない人に声をかける — Meeting for the First Time

045	『まだお会いしたことはないですよね？』	We haven't met yet, have we?	52
046	『以前お会いしましたっけ？』	Have we met before?	52
047	『どこでお会いしましたっけ？』	Where do I know you from?	53
048	『お名前は、…ですよね？』	Your name's ..., right?	53
049	『お名前をもう一度』	What was your name again?	54
050	『苗字はどう発音なさるのですか？』	How do you pronounce your last name?	54

Chapter 3　見知らぬ人への話しかけフレーズ

Part 8　見知らぬ人に話しかける、たずねる — Getting Someone's Attention

051	『ちょっとすみません』	Excuse me.	57
052	『ちょっとよろしいでしょうか？』	Can I trouble you for a moment?	57
053	『すみません…を探しています』	Excuse me, I'm looking for	58
054	『あなたを知ってるように思います』	You look very familiar to me.	58
055	『これ、あなたのものでは？』	I believe this is yours.	59

Key Phrases

Part 9　身近な話題で話しかける — Making Small Talk

#	日本語	English	Page
056	『すばらしい天気ですね！』	Such nice weather today!	60
057	『これ以上の好天はありませんね！』	You couldn't ask for nicer weather!	60
058	『お天気、あまりよくなさそうだね』	The weather's not looking so good.	61
059	『かなり曇ってますね！』	It's so cloudy today!	61
060	『ひどい天気だね！』	Such terrible weather!	62
061	『最近の天気、どうかしてるね！』	Crazy weather these days!	62
062	『今日は寒いねー！』	Man, it's cold today!	63
063	『すごく暑いね！』	It's so hot!	63
064	『すばらしい朝ですね！』	It's a beautiful morning!	64
065	『あの夕陽、見てごらん！』	Just look at that sunset!	65
066	『きれいなワンちゃんですね！』	What a beautiful dog!	65
067	『ワンちゃんはいくつ？』	How old is your dog?	66

Chapter 4　会話を始め、つなぐフレーズ

Part 10　話を切り出すひとこと — Starting a Conversation

#	日本語	English	Page
068	『ねえ；おい』	Hey, ...	68
069	『ちょっと聞いて』	Listen to this!	68
070	『あのね；あのさー』	Hey, guess what!	69
071	『信じられないと思うなー』	You'll never believe what happened!	69
072	『聞いた？』	Have you heard?	70
073	『あっ、ちょっと待って』	Oh, wait ...	70
074	『ご注目をお願いいたします！』	May I have your attention, please?	71
075	『…だって聞いたよ』	I just heard that	71
076	『信じられないかもしれないけれど…』	You might not believe this, but ...	72
077	『これ、信じられないよ！』	I can't believe this!	72
078	『ちょっとこれを見てよ』	Would you take a look at this?	73
079	『話があります』	We need to talk.	73
080	『ちょっと時間ある？』	Have you got a second?	74

Part 11　あいづちを打つひとこと — Simple Phrases Amid Conversation

#	日本語	English	Page
081	『なんだい？』	What is it?	74
082	『…の話かい？』	Is this about ...?	75
083	『続けて』	I'm listening.	75
084	『話はそれで全部なの？』	Is that everything?	76
085	『わかるよ』	I see what you mean.	76
086	『ホントに？』	Really?	77
087	『驚きだね！』	Well, I'll be!	78
088	『それは残念だね』	That's too bad.	78

089	『すばらしい！』	That's great!	79
090	『かもしれないね』	It's possible.	80
091	『どうかなあ…』	I wonder ...	80
092	『違うと思うな』	I doubt it.	81

Part 12　会話の間に入れるひとこと　　Pausing and Keeping a Conversation Going

093	『えーと』	Well, ...	81
094	『ちょっと待って』	Wait a second.	82
095	『どう言えばいいかなあ？』	How can I put it?	82
096	『ここまで出かかってるんですが』	It's on the tip of my tongue.	83
097	『割り込んですみませんが…』	I hate to interrupt, but ...	83
098	『最後まで言わせてよ』	Let me finish.	84
099	『ちょっと失礼いたします』	Excuse me for a minute.	84
100	『またあとで話しましょう』	Let's continue this conversation later.	85

Chapter 5　好悪と興味の英会話フレーズ

Part 13　好悪や興味をたずねるフレーズ　　Asking about Likes and Interests

101	『…は好きですか？』	Do you like ...?	87
102	『…はどう思う？』	How do you feel about ...?	87
103	『…が大好きでしょう？』	I'll bet you loved ...!	88
104	『なにに興味がありますか？』	What kinds of things interest you?	88
105	『休日はどうしてますか？』	How do you spend your days off?	89
106	『…と…では、どっちが好き？』	Which do you prefer, ... or ...?	89
107	『…のタイプ、それとも…？』	Are you more a ... person or a ... person?	90

Part 14　好悪や興味を答えるフレーズ　　Expressing Likes and Interests

108	『…に興味があります』	I'm interested in	90
109	『…が大好きです』	I'm crazy about ...!	91
110	『大好きなことは…です』	My big thing is ...!	91
111	『…は最高だよ！』	You can't beat ...!	92
112	『最近…を始めました』	Recently I've taken up	92
113	『…のときからずっと…してます』	I've been ... since I was	93
114	『…よりも…のほうが好きだ』	I'm more of a ... person than a ... person.	93
115	『そのふたつなら…のほうを選びます』	Of the two, I'd take	94
116	『少ししか興味がありません』	I'm only a little interested in that.	95

Part 15　好きじゃない、興味がないとき　　Expressing Dislikes and Lack of Interest

117	『…は（それほど）好きじゃない』	I don't really enjoy	95
118	『実は、…はあまり好きじゃない』	Actually, I'm not all that much into	96

Key Phrases

| 119 | 『…には我慢できない！』 | I can't stand ...! | 96 |
| 120 | 『…は大嫌い！』 | I hate ...! | 97 |

Chapter 6　乗り気や関心の英会話フレーズ

Part 16　相手の乗り気をたずねるフレーズ — Checking Another's Enthusiasm Level

121	『…するのに興味はある？』	Are you interested in ...?	99
122	『それには興味がわきますか？』	Does it sound like something you'd be interested in?	99
123	『…するのはどう？』	Why don't we ...?	100
124	『…するのはどう思いますか？』	What do you think about -ing?	100

Part 17　乗り気だ、関心あると言うとき — Expressing Enthusiasm

125	『興味ある！；乗り気だ！』	I'm up for it!	101
126	『楽しそう！；いいねー！』	That sounds fun!	101
127	『賛成！；やるよ！』	Count me in!	102
128	『よろこんで！；行きたいです！』	I'd love to!	102

Part 18　乗り気ではないとき、遠慮するとき — Expressing Lack of Enthusiasm

129	『また別の機会にでも』	Maybe some other time.	103
130	『遠慮しておくよ』	I'll pass.	104
131	『私の趣味ではなさそうです』	It doesn't sound like my thing.	104
132	『そういう気分じゃないので』	I just don't feel like it.	105

Chapter 7　期待、欲求のフレーズ

Part 19　期待感をたずねるフレーズ — Asking about Anticipation

133	『楽しみですか？』	Are you looking forward to it?	107
134	『きっと楽しみでしょうね！』	I'll bet you're looking forward to this!	107
135	『そうなったらいいよね？』	Won't it be great if it happens?	108

Part 20　期待や望みを伝えるフレーズ — Expressing Hope and Anticipation

136	『そうなるといいですね！』	I hope it happens!	108
137	『すごく楽しみ！』	I'm so looking forward to this!	109
138	『待ちきれない！』	I can't wait!	110
139	『ハラハラしてる！』	I'm on pins and needles!	110
140	『祈ってるんだ！』	I've got my fingers crossed!	111

Part 21　期待していないとき、恐れているとき — Expressing Dread or Disinterest

| 141 | 『それほど楽しみではないんです』 | I'm not really looking forward to it. | 111 |

142	『多くを望んではいないんだ』	I'm not getting my hopes up.	112
143	『恐れているんだ』	I'm dreading it!	112

Chapter 8　よろこびの英会話フレーズ

Part 22　幸福感、満足感をたずねるフレーズ　Asking If Happy or Satisfied

144	『…は満足？；…はうれしい？』	Are you happy about ...?	114
145	『すごくうれしいそうだね！』	You look so happy!	114

Part 23　うれしさを伝えるフレーズ　Expressing Happiness

146	『やったー！』	Yay!	115
147	『とてもうれしい！』	I'm so happy!	115
148	『…できてうれしいです！』	I'm happy I could ...!	116
149	『うれしいよ！』	That makes my day!	117
150	『これ以上うれしいことはない！』	What more could I want?	117
151	『あまりうれしくないよ』	I'm not so happy.	118

Chapter 9　印象の英会話フレーズ

Part 24　感動や印象をたずねるフレーズ　Asking Impressions

152	『感銘を受けました？』	Were you impressed?	120
153	『あなたはどう思った？』	What was your reaction?	120
154	『すごかった？；びっくりした？』	Were you blown away?	121

Part 25　感動や印象を伝えるフレーズ　Giving Impressions

155	『感心しました！』	I was impressed!	121
156	『びっくりした！』	I was blown away!	122
157	『感動した！』	It really got me!	122
158	『胸を打たれた！』	It tugged at my heart!	123

Part 26　感動しなかった、つまらなかったとき　Expressing Boredom and Disappointment

159	『かなり退屈だった』	I was pretty bored.	123
160	『退屈で眠っちゃった！』	It put me to sleep!	124
161	『がっかりだった』	It was a letdown.	125
162	『すごくがっかりだった』	I was so disappointed!	125

Chapter 10　楽しさ、おかしさのフレーズ

Part 27　楽しさ、おもしろさをたずねるフレーズ　Asking about Fun Things

163	『楽しそうだね！』	You look like you're enjoying yourself!	127

164	『これ楽しいよね？』	Isn't this fun?	127
165	『最高に笑えるよね？』	Isn't that the funniest thing you've ever heard?	128
166	『なにがそんなにおかしいの？』	What's so funny?	128

Part 28　楽しさ、おもしろさを伝えるフレーズ　　　Talking about Fun Things

167	『すごく楽しかった！』	That was so fun!	129
168	『超、楽しい！』	What a blast!	129
169	『超、笑える！』	That is hilarious!	130
170	『爆笑！』	This cracks me up!	130
171	『爆笑ものだ！』	I'm rolling on the floor!	131
172	『君、おもしろすぎ！』	You're so funny!	131

Part 29　つまらない、笑えないと言うとき　　　Talking about Things That Aren't Fun

173	『つまらないよ！』	It's no fun!	132
174	『おもしろくないね』	That's not funny.	132

Chapter 11　失敗と恥ずかしさのフレーズ

Part 30　失敗したときのひとこと　　　Expressions When Making Mistakes

175	『やっちゃった！』	I blew it!	134
176	『おっと！』	Whoops!	134
177	『私、なに考えてたの？』	What was I thinking?	135
178	『私って、なんてバカなの！』	I'm such a fool!	135
179	『なんてこと、しちゃったの！』	What have I done?	136

Part 31　恥ずかしいときのひとこと　　　Expressing Embarrassment

180	『超、恥ずかしい！』	I'm so embarrassed!	137
181	『屈辱的だ！』	This is humiliating!	137

Chapter 12　驚きの英会話フレーズ

Part 32　驚きを確認するフレーズ　　　Asking If Surprised

182	『驚かなかった？』	Aren't you surprised?	140

Part 33　驚きを表すフレーズ　　　Expressing Surprise

183	『すごくびっくり！』	What a surprise!	140
184	『信じられない！』	Unbelievable!	141
185	『まさか！』	No way!	141
186	『うわあ！』	Wow!	142
187	『ショックだった！』	I was shocked!	142

Part 34　驚いてはいないと言う	Expressing Lack of Surprise	
188 『ちょっと予想外ですね』	That's a bit unexpected.	143
189 『まったく驚かないね』	That's no surprise!	143

Chapter 13　怒りの英会話フレーズ

Part 35　怒りを確認するフレーズ	Checking If Someone is Angry	
190 『怒ってます?』	Are you angry?	146
191 『まだ怒ってますか?』	Are you still angry?	146

Part 36　怒りを表すフレーズ	Expressing Anger and Irritation	
192 『超、ムカつく!』	This is so irritating!	147
193 『そろそろ我慢の限界だ!』	I'm losing my temper!	148
194 『もう我慢ならない!』	I have had it up to here!	148
195 『もう怒った!』	I'm furious!	149
196 『怒ったぞ!』	This has really got me upset!	150

Part 37　怒りを制止するフレーズ	Attempting to Defuse Anger	
197 『落ち着きなよ』	Don't lose your temper.	150
198 『冷静に』	Cool off!	151

Chapter 14　意気消沈の英会話フレーズ

Part 38　落胆の気持ちをたずねるフレーズ	Asking about Bad Feelings	
199 『がっかりしてる?』	Do you feel let down?	153
200 『どうしたの?』	What's wrong?	153
201 『ブルーな気分なの?』	Are you feeling blue?	154
202 『とても悲しそうだね』	You seem so sad.	154

Part 39　落胆、落ち込み、悲しみのフレーズ	Expressing Sadness and Disappointment	
203 『とてもがっかりしてます!』	I'm really disappointed!	155
204 『ショックです!』	I'm shocked!	155
205 『すごく悲しい!』	I feel so sad!	156

Part 40　大丈夫、たいしたことないと言うとき	Saying It's Okay	
206 『たいしたことではないよ』	It's no big deal.	157
207 『僕は立ち直るから!』	I'll bounce back!	157

Key Phrases

Chapter 15　心配、緊張、恐怖のフレーズ

Part 41　心配、緊張、恐れをたずねる — **Asking about Worry, Fear and Anxiety**
- 208 『このことで心配しているの？』　Has this got you worried?　160
- 209 『不安なの？』　Are you nervous?　160
- 210 『恐いの？』　Are you scared?　161

Part 42　心配、緊張、恐れを伝えるフレーズ — **Expressing Worry, Fear and Anxiety**
- 211 『心配なんです』　I'm worried.　161
- 212 『…が心配です』　I'm afraid that ...　162
- 213 『心配で落ち着きません』　I've got an uneasy feeling.　162
- 214 『心配でなりません』　I can't calm down.　163
- 215 『不安なんです！』　I'm anxious!　163
- 216 『ものすごく緊張する！』　I've got the jitters!　164
- 217 『ゾッとする！』　This gives me the creeps!　164
- 218 『恐ろしい！』　I'm scared!　165

Chapter 16　思いやりの英会話フレーズ

Part 43　同情の気持ちを伝えるフレーズ — **Expressing Sympathy**
- 219 『それは残念だね』　That's too bad.　167
- 220 『かわいそうに！』　You poor thing!　167
- 221 『運がなかったね』　That's a tough break.　168
- 222 『すごく動転しているでしょうね』　I know how upset you must feel.　168
- 223 『わかるわ』　I can relate.　169

Part 44　気遣い、元気づけるフレーズ — **Cheering Up Others**
- 224 『大丈夫かい？』　Are you going to be okay?　169
- 225 『元気を出して！』　Cheer up!　170
- 226 『心配ないさ！』　Don't worry!　170
- 227 『君なら大丈夫』　You'll be okay.　171
- 228 『そのうちチャンスが来るよ！』　You'll get your chance!　172
- 229 『ついてなかっただけさ』　It just wasn't your day.　172
- 230 『どんなときにも希望はあるさ』　Every cloud has a silver lining.　173

Part 45　忘れてしまいなさいと伝える — **Telling Someone to Let Go of the Past**
- 231 『もう考えないようにね！』　Try not to think about it!　173
- 232 『もう忘れなさい！』　Just forget it!　174

Part 46　自分は大丈夫と、元気を出すフレーズ — **Saying You're Okay**
- 233 『僕は大丈夫』　I'm okay.　174

234	『立ち直ったよ！』 I'm over it!	175
235	『もう忘れたよ』 I've put it in my past.	176
236	『今度はやってやる！』 I'll get 'em next time!	176

Chapter 17　安心感を伝えるフレーズ

Part 47　安心感を確認するとき — Asking If Relieved
- 237　『安心した？』 Are you relieved? — 178

Part 48　安心した、ほっとしたと言う — Expressing Relief
- 238　『すごくほっとした！』 What a relief! — 179
- 239　『それを聞いて安心しました！』 I'm so relieved to hear that! — 179

Part 49　安心した相手にかける言葉 — Expressing Relief about Others
- 240　『君がもとに戻ってよかった！』 I'm glad to see you back to your old self! — 180

Chapter 18　激励の英会話フレーズ

Part 50　がんばれ、その調子だと伝える言葉 — Words of Encouragement
- 241　『ベストを尽くせ！』 Give it your best shot! — 182
- 242　『その調子！』 You're doing great! — 182
- 243　『行ってこい！』 Go get 'em! — 183
- 244　『幸運を祈ってる！』 Good luck! — 183
- 245　『僕たちがついてるぞ！』 We've got your back! — 184

Part 51　必ずうまくいくと励ます言葉 — Showing Confidence in Others
- 246　『君ならできる！』 You can handle it! — 184
- 247　『君なら大丈夫！』 You'll do it! — 185
- 248　『君なら絶対に大丈夫！』 I'm sure you'll do fine! — 186

Chapter 19　ほめる英会話フレーズ

Part 52　すばらしいとほめる言葉 — Words of Strong Praise (1)
- 249　『すばらしい！』 Fantastic! — 188
- 250　『すばらしいですね！』 How wonderful! — 188
- 251　『あなたって、すごいね！』 You're good! — 189

Part 53　仕事や才能をほめるフレーズ — Words of Strong Praise (2)
- 252　『すばらしい仕事だ！』 Great job! — 189
- 253　『すごい才能だね！』 You're so talented! — 190

254	『これほどの才能があったなんて！』	I had no idea you were so talented! 191
255	『どうやったらこんなことができるの！』	How do you do it? 191
256	『どこでそういうことを覚えたの？』	Where did you learn to do something like this? 192
257	『あなたには、及びもつかない！』	I'm not even in your league! 192

Chapter 20　相手を祝福するフレーズ

Part 54　お祝いの言葉 / Words of Congratulations

258	『おめでとう！』	Congratulations! 194
259	『君をとても誇りに思うよ！』	I'm so proud of you! 194
260	『自分を誇りに思って当然だよ！』	You should be proud of yourself! 195
261	『君にはその価値があります！』	You deserve it! 196
262	『君のことを信じていたよ！』	I never doubted you! 196
263	『君のことだから、驚きはしなかったよ！』	Knowing you, I wasn't surprised! 197

Part 55　相手をうらやむ英語表現 / Expressing Envy and Jealousy

264	『すごくうらやましい！』	I'm so jealous! 197
265	『ホントうらやましい！』	I'm green with envy! 198
266	『君みたいに運がよければなあ！』	I wish I had your luck! 198
267	『ラッキーな奴だなあ！』	You're a lucky guy! 199

Part 56　祝杯の英語表現 / Words Used for Toasting

268	『乾杯！』	Cheers! 199
269	『これは乾杯をしなければね！』	This calls for a toast! 200

Chapter 21　ほめ言葉や祝福への返事

Part 57　お祝いの言葉への反応フレーズ / Replies to Being Praised

270	『ありがとうございます！』	That's so kind of you! 202
271	『そう言ってもらえてうれしい！』	I'm so happy to hear you say that. 202

Part 58　謙遜するひとこと / Expressions of Modesty

272	『運がよかっただけですよ！』	I was just lucky! 203
273	『それほどでもありませんよ！』	I wouldn't go that far! 203
274	『お世辞ばっかり！』	You flatter me! 204
275	『ほんとうに？』	Do you really mean it? 204

Part 59　謙遜への返答フレーズ / Response to Other's Modesty

276	『ほんとうにそう思ってるよ！』	I mean it! 205
277	『そんなに謙遜しないでよ！』	Don't be so modest! 205

Chapter 22　感謝とお礼のフレーズ

Part 60　相手に感謝するフレーズ　　Expressions of Gratitude

278	『ありがとう！』	Thanks!	208
279	『…してくれてありがとう』	Thanks for ….	208
280	『どう感謝したらいいか！』	I don't know how to thank you!	209
281	『感謝してます』	I appreciate it.	209
282	『ありがたく思います』	I'm so grateful.	210
283	『すべてあなたのおかげです』	I owe it all to you.	210
284	『この恩は忘れません！』	I won't forget this!	211

Part 61　感謝の言葉に返すフレーズ　　Responding to Thanks

285	『どういたしまして』	You're welcome.	212
286	『なんでもありませんよ』	It was nothing.	212
287	『こちらこそ感謝しないと』	I'm the one that needs to thank YOU!	213
288	『あなたも同じことをしてくれたでしょう』	You'd have done the same for me!	213
289	『ほんのわずかなことですから』	It's the least I can do.	214

Chapter 23　謝罪のフレーズとその返事

Part 62　相手に謝罪するフレーズ　　Offering Apologies

290	『ごめんなさい』	I'm sorry.	216
291	『申し訳なく思っています』	I feel terrible about this.	216
292	『謝ります』	I apologize.	217
293	『悪い！』	My bad!	217

Part 63　自分の責任を認めるフレーズ　　Taking the Blame

294	『私の責任です』	It was my fault.	218
295	『責任はすべて私が取ります』	I take full responsibility.	218
296	『大変ご迷惑をおかけしました』	I realize I caused you a lot of trouble.	219

Part 64　後悔と反省のフレーズ　　Words of Regret

297	『わざとやったのではないんです』	I didn't do it on purpose.	219
298	『後悔しています』	I regret this.	220
299	『言ってはいけないことを口にしました』	I said some things I shouldn't have.	221
300	『自分の発言を取り消せたらよいのですが』	I wish I could take back what I said.	221
301	『もう二度としませんから』	I'll never do it again.	222
302	『償いはいたします』	I'll make it up to you.	222

Part 65　相手に許しを請うフレーズ　　Asking for Forgiveness
- 303　『許してください』　　Please forgive me.　　223
- 304　『仲直りできるかな？』　　Can we make up?　　223

Part 66　謝罪を受け入れる表現　　Expressions of Forgiveness
- 305　『大丈夫だよ』　　It's okay.　　224
- 306　『大目に見ますよ』　　I'm going to overlook it.　　224
- 307　『謝罪を受け入れます』　　I forgive you.　　225
- 308　『だれにも過ちはあるよ』　　We all make mistakes.　　225
- 309　『二度とないようにね！』　　Just don't let it happen again!　　226

Part 67　相手を許せないとき　　Refusing to Forgive
- 310　『許すつもりはありませんよ！』　　I'm not going to forgive you!　　226
- 311　『まだ許せる気分じゃない』　　I'm not ready to make up!　　227

Chapter 24　祝日のあいさつ、弔意の表現

Part 68　祝日のあいさつ表現　　Greetings for Special Days
- 312　『明けましておめでとう！』　　Happy New Year!　　229

Part 69　葬儀や不幸な場面のひとこと　　Expressing Condolences and Deep Sympathy
- 313　『ご愁傷さまです』　　My condolences.　　229
- 314　『お察しいたします』　　You have my sympathies.　　230
- 315　『私になにかできることがあれば』　　Let me know if I can do anything.　　230
- 316　『すべて時間が癒してくれますよ』　　Time heals all wounds.　　231

Chapter 25　緊急時の英語、注意喚起の表現

Part 70　注意を喚起するひとこと　　Giving Warnings about Danger
- 317　『注意して！』　　Be careful!　　233
- 318　『逃げろ！』　　Run for your lives!　　233
- 319　『気をつけて！』　　Heads up!　　234
- 320　『前を見てろ！』　　Look straight ahead!　　234

Part 71　危険な場面のサバイバル英語　　Expressions for Emergency Situations
- 321　『そのまま動くな！』　　Hold it right there!　　235
- 322　『手を挙げろ！』　　Put your hands up!　　235
- 323　『静かにしろ！』　　Keep quiet!　　236
- 324　『言うとおりにするから！』　　I'll do whatever you say!　　236

本書の使い方

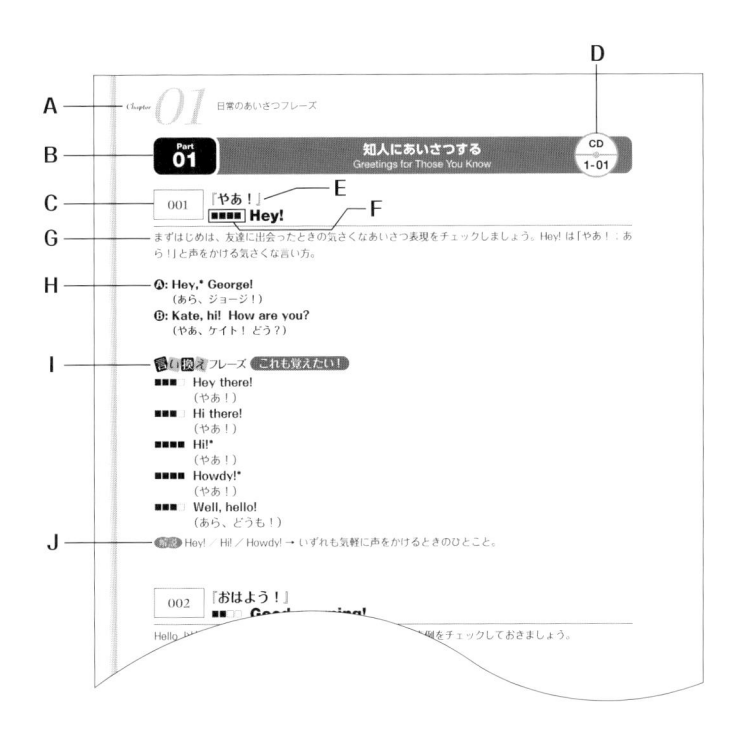

A　Chapter 表示：

Chapter（チャプター；章）の番号とタイトルを左ページの上部に明示しました。本書には、機能・感情別に 25 の Chapter があります。

B　Part 表示：

Part（パート）の番号とタイトルをボックスの中に白抜き文字で明示しました。Part は Chapter の中をさらに細分化したもので、本書は 71 の Part に分かれています。

C　Unit（ユニット）番号：

本書の最小単位は、この Unit です。本書全体には、324 の Unit が掲載されています。

D　CD 番号とトラック：

本書の CD は全部で2枚あります。CD 1 のトラック 01 なら、1-01、CD 2 のトラック 15 なら、2-15 のように表記しています。CD の各トラックは、本書の Part 毎に 1 トラックとして収録しておきました。

E 各 Unit のキーフレーズ：

当該 Unit で覚えるキーフレーズです。日本語訳の下に英語のキーフレーズを紹介しました。同じ意味を表す表現の中でも、もっとも一般的なものを、このキーフレーズとして取り上げています。キーフレーズ単独では CD に音声を吹き込んでいません。[CD 音声収録なし]

F フォーマル度、カジュアル度グラフ

■□□□ のように、グラフィカルな表記で、そのセンテンス（フレーズ）のフォーマル度／インフォーマル度を示しておきました。黒い四角＝■ が多いほどフォーマル度が低く、逆に少ないほど、フォーマル度が高くなります。

■ による表記の細かな意味は次のとおりです。

- ■□□□ フォーマル度が最も高い。かしこまった場面で使用される言い回しで、通常の会話にはあまり向かない。
- ■■□□ カジュアルなビジネスシーンでよく使われるレベルやその周辺のフォーマル度を表す。
- ■■■□ 友人など親しい人同士での会話で好まれる、くだけた表現。
- ■■■ スラングや、スラングに近い表現。くだけすぎている、あるいは失礼に当たるものもあるので使用には注意が必要。

G ひとくち解説

キーフレーズの機能や分類、使い方、使い分けの仕方などについて、短い説明を入れました。

H ダイアローグ

キーフレーズが登場する短い自然なダイアログをお手本としてつけました。すべてのダイアログの CD 音声を収録していますので、音声を繰り返し聞きながら、しっかり英語を口に出す練習をしましょう。[CD 音声収録あり]

I 言い換えフレーズ［これも覚えたい！］

キーフレーズの類似表現を平均 4〜5 表現セットにして、見やすく掲載しています。ここもすべてのセンテンスに CD 音声を用意しておきました。[CD 音声収録あり]

J 解説

ダイアローグや、言い換えフレーズ中の ＊ を付した英語表現に関する語句の解説などを記載しました。

デザイン　　一柳茂（クリエーターズユニオン）
CD制作　　誠音社
編集協力　　A+Café

Chapter 01

日常のあいさつフレーズ

Chapter 01 日常のあいさつフレーズ

Part 01 知人にあいさつする
Greetings for Those You Know

CD 1-01

001 『やあ！』
Hey!

まずはじめは、友達に出会ったときの気さくなあいさつ表現をチェックしましょう。Hey! は「やあ！；あら！」と声をかける気さくな言い方。

Ⓐ: Hey,* George!
（あら、ジョージ！）
Ⓑ: Kate, hi! How are you?
（やあ、ケイト！ どう？）

言い換えフレーズ これも覚えたい！

- Hey there!
  （やあ！）
- Hi there!
  （やあ！）
- Hi!*
  （やあ！）
- Howdy!*
  （やあ！）
- Well, hello!
  （あら、どうも！）

解説 Hey! / Hi! / Howdy! → いずれも気軽に声をかけるときのひとこと。

002 『おはよう！』
Good morning!

Hello. 以外の、いろいろな時間帯で使われるあいさつの代表例をチェックしておきましょう。

Ⓐ: Good morning, Stefanie!
（ステファニー、おはよう！）
Ⓑ: Good morning, Tom. Did you sleep well?
（おはよう、トム。よく眠れた？）

言い換えフレーズ これも覚えたい！

- Morning!*
  （おはよっ！）
- Good afternoon!
  （こんにちは！）
- Afternoon!*
  （ちわ〜！）
- Good evening!
  （こんばんは！）

Part 01 知人にあいさつする

■■□□ Good night!
（おやすみ！）

■■■■ 'Nite!*
（おやすみっ！）

解説 Morning! → Good morning. の good を省略した言い方。
Afternoon! → これも Good afternoon. の good を省略したもの。
'Nite → Good night. の省略。

003 『調子はどう？』
■■□□ **How are you?**

出会った相手の様子や調子をたずねる疑問文の代表例を取り上げておきます。How are you?（調子はどう？）は、中でももっとも知られているフレーズですね。

Ⓐ: How are you, Kevin?
（調子はどう、ケヴィン？）
Ⓑ: Pretty good, thanks.
（けっこういいよ。ありがとう）

言い換えフレーズ　これも覚えたい！

■■□□ How are you doing?
（どうしてる？）

■■■□ How's it going?*
（どう？）

■■■□ How goes it?*
（どう？）

■■□□ How have you been?
（どうしてた？）

■■■□ How's everything?*
（調子はどう？）

■■□□ How are things going?
（どんな具合？）

解説 How's it going? → it は相手の生活全般を漠然と指し示すもの。
How goes it? → How's it going? のくだけた言い方。
everything →「すべて」ここでは、相手の生活全般を漠然と指し示す言葉。

004 『うまくいってる？』
■■□□ **Everything going okay?**

相手の状況が順調かどうか質問する表現も覚えておきましょう。everything（すべて）、things（いろいろなこと）、life（生活）などは、すべて相手の生活や周囲を漠然と指し示す語です。

Ⓐ: Everything going okay?
（いろいろ、うまくいってる？）
Ⓑ: Yeah, everything's fine, thanks.
（うん、うまくいってるよ。ありがとう）

Chapter 01　日常のあいさつフレーズ

言い換えフレーズ　これも覚えたい！

- ■■■□　Everything okay?*
  （うまくいってる？）
- ■■□□　Are you doing okay?
  （うまくやってる？）
- ■□□□　(Are) Things going your way* these days?
  （最近はうまくいってる？）
- ■■■□　Life treating you okay?*
  （調子はどう？）
- ■■■□　Life is good?*
  （どうだい？）

解説　Everything okay? → 文頭の Is が抜けたセンテンス。　go one's way「その人の有利に進む」
Life treating you okay? → これも Is が抜けた文。
Life is good? → 文法的にはおかしいがよく使われる言い回し。

---

005 『仕事はどう？』
■■□□ **How are things at work?**

少し限定的に、仕事に関してうまくいっているかと、調子をたずねる表現をピックアップしてみましょう。

Ⓐ: Hey, Joe. How are things* at work?
（やあ、ジョー。仕事はどう？）

Ⓑ: Oh, busy as usual, but okay.
（ああ、相変わらず忙しいけど、大丈夫だよ）

言い換えフレーズ　これも覚えたい！

- ■■□□　How's (your) work going?
  （仕事はどう？）
- ■■■□　Work going okay?
  （仕事はうまくいってる？）
- ■■□□　Are you busy these days?
  （最近は忙しいの？）
- ■■■□　Are you keeping busy?*
  （忙しくしてる？）
- ■■■□　Working hard, as usual?*
  （いつもどおりがんばってる？）

解説　How are things?「物事はどう？」　keep busy「忙しくする」　as usual「いつものように」

Part 01　知人にあいさつする

006　『最近はどうしてるの？』
■■■□ What have you been up to?

最近はどうしているかをたずねる言い方です。この be up to は「やる；取り組む」という意味。

Ⓐ: What have you been up to?
　　(最近どうしてるの？)
Ⓑ: Not much. Same as usual.
　　(あまりなにもないね。相変わらずだよ)

言い換えフレーズ　これも覚えたい！

- ■■□□ What have you been doing lately?*
　　(最近はなにしてるの？)
- ■■□□ What's been going on* with you?
　　(最近どうしてるの？)
- ■■□□ How have you been spending* your time?
　　(最近はなにかしてる？)
- ■■■□ What's been keeping you busy?*
　　(なにかで忙しくしてる？)

解説 lately「最近」　go on「起こる；進む」　spend「費やす」　keep ... busy「…を忙しくさせる」

007　『久しぶり！』
■■■□ Long time, no see!

知人と久しぶりに会ったときのあいさつフレーズを見ていきましょう。

Ⓐ: Candice! Long time no see!*
　　(キャンディス！久しぶり！)
Ⓑ: My gosh, Stan! How are you?
　　(あら、スタン！どうしてるの？)

言い換えフレーズ　これも覚えたい！

- ■■□□ It's been such a long time!
　　(すごく久しぶり！)
- ■■□□ It's been ages!*
　　(ホントに久しぶり！)
- ■■□□ You haven't changed a bit!*
　　(全然変わらないね！)
- ■■□□ You look exactly* the same!
　　(変わらないねー！)

解説 Long time no see! → 直訳は「長い間、会ってない！」。
　　ages「長い間」　not ... a bit「少しも…ない」　exactly「まったく；正確に」

Chapter **01**　日常のあいさつフレーズ

008　『どうしてたのさ？』
　■■■□ **Where have you been?**

「どうしてたの？」「どこにいたの？」「どこに隠れていたの？」など、ずっと姿を見かけなかった人へのちょっと冗談めかした言い回しをチェックしましょう。

Ⓐ: Where have you been?*
　（どこに行ってたのさ？）
Ⓑ: Oh, I've been here, just really busy.
　（ずっとこの辺にいたよ。すごく忙しかっただけだよ）

言い換えフレーズ　これも覚えたい！

■■□□　Where have you been keeping yourself?*
　（どこに隠れてたんだよ？）
■■■□　Where have you been hiding?*
　（どこに隠れてたのさ？）
■■■□　I thought you went into hiding!*
　（姿をくらましたかと思ってた）
■■■■　I've been wondering* where you've been!
　（ずっと、どこにいるのかなあと思ってたよ！）

解説 Where have you been? →「ずっとどこにいたの？」が直訳。　keep oneself「隠れる」
　hide「隠れる」　go into hiding「姿をくらます」　wonder「…かなあと思いを巡らす」

009　『会いたかったんだよ！』
　■■□□ **Just the person I was looking for!**

ちょうどその人に会いたかった、ちょうどいいところで出会った、ここで君に会えてよかった、といった気持ちを表すフレーズです。

Ⓐ: Just the person* I was looking for!
　（ちょうど君に会いたかったんだ！）
Ⓑ: Me? Why?
　（私？どうしてよ？）

言い換えフレーズ　これも覚えたい！

■■■□　You're just the person I was looking for!
　（君にちょうど会いたかったんだ！）
■■■□　Just the person!　（ちょうどよかった！）
■■□□　I've been looking all over* for you!　（君を探しまわってたんだ！）
■■□□　You're the person I need to talk to!
　（君と話したかったんだよ！）
■■□□　You're just who I need to meet!
　（君こそ、いまの僕に必要な人だよ！）
■■□□　You're just who I wanted to meet!
　（君にこそ会いたかったんだよ！）

解説 just the person「まさにその人物」　all over「そこら中を」

Part 01　知人にあいさつする

010　『ばったり会えてよかった！』
I'm so glad I ran into you!

ひとつ前のユニットと同じ内容を伝える別の言い方をもう少し見てみましょう。

A: I'm so glad I ran into you!*
　　（ばったり出会えてよかった！）
B: Really? Why; what's up?
　　（ホント？ どうして？ なんなのさ？）

言い換えフレーズ　これも覚えたい！

- I'm so glad we bumped into* each other.
  （ばったり出会えてうれしいよ）
- I'm so glad we met today!
  （会えてよかった！）
- I'm so happy we met!
  （会えてうれしい！）
- I'm lucky* I met you!
  （君に会えてラッキー！）

解説 run into ...「…にばったり会う」　bump into ...「…にばったり出会う」　lucky「幸運な」

011　『世間は狭いね！』
It's a small world!

偶然予期しないところで、知り合いに出会ったときのフレーズを見ていきます。

A: It's a small world!*
　　（世間は狭いね！）
B: Isn't it? Imagine meeting you here!
　　（そうだよね！ ここで君に会うなんて）

言い換えフレーズ　これも覚えたい！

- Small world! （世の中狭いよね！）
- What are the chances* we would just bump into each other?
  （ちょうどばったり会うなんて、どのくらいの確率だよ？）
- This is quite a coincidence!*
  （すごい偶然だよね！）
- Imagine* meeting you here!
  （ここで会えるなんてすごいね！）
- Wow! What a coincidence!
  （わあ！ なんて偶然！）
- I was just thinking about you!
  （ちょうど君のことを考えてたんだ！）
- Speak of the devil!* （噂をすれば）

解説 small world「小さな世界」　chances「確率」　coincidence「偶然」　imagine「想像する」
speak of the devil「悪魔の噂をする」→ 日本語の「噂をすれば影」にあたる言い方。

Chapter 01 日常のあいさつフレーズ

Part 02 あいさつへの受け答え
Greetings: Replies

012 『うまくいってるよ』
■■■□ Doing well, thanks.

知人に「調子はどう？」「うまくやってる？」とたずねられたときの返事をチェックしましょう。まずは、ふつうにうまくいっている場合の返事です。

Ⓐ: How are you doing, Kirsten?
  (調子はどう？ クリステン)
Ⓑ: Doing well,* thanks.
  (いいわよ、ありがとう)

言い換えフレーズ これも覚えたい！

■■□□ Doing quite well, thanks.
  (すごくいいですよ、ありがとう)
■■■□ (I'm) doing fine.*
  (うまくいってるよ)
■■□□ Things are good/fine.
  (いい感じですよ)
■■□□ Things are going well.*
  (うまくいってますよ)
■■□□ Things have been going really well.
  (すごくうまくいってます)

解説 Doing well. → I'm doing well.（うまくやっている）の省略。
    do fine = do well「うまくやる」 go well「うまくいく」

---

013 『最高だよ！』
■■■■ Fantastic!

「最高に調子がいい」「絶好調だよ」などと返事がしたいときにはこのユニットの表現を使ってみましょう。

Ⓐ: How are things?
  (調子はどう？)
Ⓑ: Fantastic! How about yourself?
  (最高！ 君のほうは？)

言い換えフレーズ これも覚えたい！

■■■□ Things are great!
  (すばらしいよ！)
■■■□ Couldn't be better!*
  (これ以上ないくらいだよ！)
■■■□ These days,* things couldn't be better!
  (このところ、最高にいいよ！)

解説 couldn't be better「これ以上よくなる可能性はない」→「最高だ」
    these days「最近；昨今；このところ」

Part 02 あいさつへの受け答え

014 『まあまあだね』
■■■□ **I'm doing okay.**

最高でもないし、悪くもない。「まあまあでやっている」と返答したいときのフレーズを確認しておきましょう。

Ⓐ: How are you doing, Seth?
　（セス、どう？）
Ⓑ: I'm doing okay.*
　（まあまあだよ）

言い換えフレーズ　これも覚えたい！

■■□□　So so.
　　　（まあまあ）
■■■□　Not bad.*
　　　（まあまあだね）
■■□□　Can't complain.
　　　（文句は言えないね）
■■□□　Getting by.*
　　　（なんとかやってる）

解説 do okay「なんとかふつうにやる」　Not bad.「悪くはない」→「まあまあだ」
get by「なんとか暮らす」

015 『相変わらずだよ』
■■■□ **Same as usual.**

「相変わらずの調子だ」「いつもどおりだ」と返事をしたいときの言い回しを紹介します。usual や always を「いつも」という意味で使ってみましょう。

Ⓐ: So, how are things?
　（で、調子はどうなの？）
Ⓑ: Same as usual.*
　（いつもどおりだよ）

言い換えフレーズ　これも覚えたい！

■■□□　Pretty much the same as always.*
　　　（いつもとほとんど変わりないよ）
■■□□　Same old, same old.*
　　　（相も変わらず）
■■□□　Same as ever.
　　　（これまでどおりだよ）
■■□□　No change.*
　　　（変わりないよ）
■■□□　Nothing much new.
　　　（相変わらずだね）

解説 same as usual/always「いつもどおりに」　same old「前と同じ；相変わらずの」
no change「変化がない」

Chapter 01 日常のあいさつフレーズ

016 『実はあまりよくないんだ』
■■■□ Not so good, actually.

調子があまりよくないときの返事も見ておきましょう。actually という副詞を使うと、「実は」という日本語とほぼ同じニュアンスが醸し出せます。

A: How are you doing, Darren?
　（どうしてる、ダレン？）
B: Not so good,* actually.
　（実はあまりよくなくてね）

言い換えフレーズ　これも覚えたい！

- ■■□□ Actually, things aren't going so well.*
　（実は、あまりうまくいってないんだ）
- ■■■□ This isn't such a good time for me.
　（いまはそれほどいい時期じゃないんだ）
- ■■■□ I've been having some hard times* lately.
　（最近ちょっと厳しいんだ）
- ■■■■ I'm going through a tough time.*
　（きつい時期を過ごしてるよ）
- ■■■■ I'm going through a rough patch.*
　（つらい時期なんだよね）

解説 not so good「それほどよくない」　go so well「とてもうまくいく」
hard times = tough time = rough patch「厳しい時期；つらい時期」

Part 03　別れのあいさつをする
Saying Goodbye　CD 1-03

017 『そろそろお暇しなきゃ』
■■■□ I've got to run!

相手と話をしているときに、「そろそろ行かなければ」「時間がないので失礼します」と言いたいときの英語表現です。

A: Oh, look at the time. I've got to* run!*
　（ああ、時間だ。そろそろお暇しなきゃ）
B: Okay, it was nice seeing you!
　（うん、君に会えてよかったよ！）

言い換えフレーズ　これも覚えたい！

- ■■■□ I've got to get going.*
　（そろそろ行かないと）
- ■■■□ I'd better get going.
　（そろそろ行かなければ）
- ■■□□ I'd better be on my way.*
　（そろそろ行ったほうがよさそう）

34

Part 03 別れのあいさつをする

- ■■□□ I'd better head off* now.
  (お暇しなきゃ)
- ■■□□ I guess I should be going.
  (お暇しなきゃいけない時間みたい)

解説 have got to ... 「…しなければならない」 run「急ぐ；急いでいく」 get going「出発する；動き出す」 be on one's way「自分の道につく」=「立ち去る」 head off「立ち去る」

---

018 『じゃあ、また！』
■■■□ **See you!**

「それじゃあ」「またね」という別れのあいさつの基本表現をチェックしましょう。

Ⓐ: See you,* Pam.
　（じゃあね、パム）
Ⓑ: Bye, Ben.
　（またね、ベン）

言い換えフレーズ　これも覚えたい！

- ■■■□ See you later.
  (またね)
- ■■□□ Goodbye.
  (さようなら)
- ■■■■ Bye.
  (バイバイ)
- ■■■■ See ya.*
  (じゃあ)

解説 See you. → I'll see you later/soon. などの省略。
　　　See ya. → See you. がさらに短くなったスラングっぽい表現。

---

019 『電話するね』
■■■□ **I'll call you.**

別れ際には、「また電話するね」「手紙を書くよ」といったひとことをつけ加えると、相手への気持ちがうまく伝わります。

Ⓐ: I'll call* you, okay?
　（電話するよ、いいかい？）
Ⓑ: Sure, any time.
　（もちろん、いつでもかけてきて）

言い換えフレーズ　これも覚えたい！

- ■■□□ I'll give you a call soon.
  (すぐに電話するよ)
- ■■■□ I'll write to* you.
  (手紙を書くね)

Chapter 01 日常のあいさつフレーズ

■■■□ I'll be in touch* soon.
　　　（すぐ連絡するから）

解説　call「電話をかける」　write to …「…に手紙を書く」　be in touch「連絡を取る」

020 『またすぐにね』
■■■□ See you soon!

別れ際に、「またすぐにね」「互いに連絡を欠かさないようにしようね」「もっと会いましょうね」などとつけ加えることもよくあります。

Ⓐ: See you soon!*
　　（またすぐにね！）
Ⓑ: Definitely! Let's meet soon!
　　（もちろん！ すぐに会おうね！）

言い換えフレーズ これも覚えたい！
■■□□ Let's meet again soon.
　　　（またすぐに会おうね）
■■□□ Let's meet more often!*
　　　（もっと会いましょうね！）
■■■□ Let's keep in touch!
　　　（連絡を取ろうね！）
■■■□ Stay in touch, okay?
　　　（連絡してね）
■■■□ Give me a call, okay?
　　　（電話ちょうだいよね）
■■■□ Don't be a stranger!*
　　　（連絡してちょうだいよね）

解説　soon「すぐに」　more often「もっと頻繁に」　keep in touch「連絡を取り合う」
Don't be a stranger. → 直訳は「見知らぬ人にならないでね」。

021 『気をつけてね』
■■□□ Take care.

あいさつ代わりに「気をつけてね」と、日本語でもよく言いますね。その英語バージョンをチェックしましょう。

Ⓐ: Well, I guess I should be going. Take care.*
　　（さて、そろそろ行かないと。気をつけてね）
Ⓑ: You too. See you soon.
　　（あなたもね。じゃあ、またすぐに）

言い換えフレーズ これも覚えたい！
■■□□ Take care of yourself.
　　　（お大事にね）

36

Part 03 別れのあいさつをする

- ■■■□ Don't work too hard.*
  (働きすぎないようにね)
- ■■■□ Take it easy.*
  (気楽にね)
- ■■□□ Mind* your health.*
  (健康には注意してね)
- ■■■□ Don't overdo* it.
  (がんばりすぎないでね)
- ■■□□ Drive carefully.
  (運転に気をつけてね)

解説 take care「気をつける；大事にする」 work too hard「働きすぎ」 take it easy「気楽にやる」 mind「気にかける」 health「健康」 overdo「やりすぎる」

---

022 『楽しい一日をね！』
■■□□ **Have a good day!**

別れ際に「いい一日を！」と声をかけることもよくあります。相手がどこかに出かけていくときなどには、Have fun!(楽しんできてね)などと声をかけてあげるとよろこばれますよ。

Ⓐ: Bye, Jan. Have a good day!
　(じゃあね、ジャン。楽しんでね！)
Ⓑ: You too!
　(そっちもね！)

言い換えフレーズ これも覚えたい！

- ■■■□ Have a great day!
  (すばらしい日を過ごしてね！)
- ■■□□ Enjoy the rest of the day!*
  (今日の残りも楽しんでね！)
- ■■□□ Enjoy your afternoon!
  (楽しい午後をね！)
- ■■□□ Enjoy the evening!
  (楽しい夕べをね！)
- ■■■□ Have fun!*
  (楽しんでおいで！)

解説 rest of the day「その日の残り」
Have fun!「楽しんで！」→ なにかの楽しみなイベントなどに出かけていく人に向かって使うフレーズ。

Chapter 01　日常のあいさつフレーズ

023　『お会いできてよかった』
■■□□ **It was great seeing you!**

相手に会えてよかったという気持ち、うれしかった気持ちを、率直に表現する言い方を覚えましょう。好印象を残すことができますよ。

Ⓐ: It was great seeing you!*
　（お会いできてよかったです！）
Ⓑ: You too! Let's meet again soon!
　（こちらこそ！またすぐに会いましょう！）

言い換えフレーズ　これも覚えたい！

■■□□　It's been such a pleasure!*
　　　（とても楽しかったです！）
■■■□　It's been so nice to see you today!
　　　（今日は会えてよかったです！）
■■■□　I'm so glad we were able to meet today!
　　　（今日は会えてうれしかった！）
■■■■　I'm so glad* we met today!
　　　（会えてうれしかったわ！）
■■■■　It's been really nice talking to you!
　　　（話ができてよかったです！）

解説　seeing you「あなたにお会いできて」　pleasure「よろこび」　glad「うれしい」

024　『今日はありがとうございました！』
■■□□ **Thanks for today!**

相手に会えたこと、みんなで集まれたことなどへの感謝の表現も英語で言えるようになっておきたいもの。基本的なものをチェックしておきます。

Ⓐ: Thanks for* today! It's been so nice.
　（今日はどうもありがとうございます。会えてよかったです）
Ⓑ: It was my pleasure!
　（こちらこそ）

言い換えフレーズ　これも覚えたい！

■■□□　Thanks so much for today!
　　　（今日はほんとうにありがとうございます）
■■□□　Thanks for putting this together.*
　　　（この集まりを作ってくださってありがとうございます）
■■□□　Thanks for setting this up.*
　　　（セッティングしてくださってありがとうございます）
■■□□　Thanks for arranging* this.
　　　（調整してもらってありがとうございます）
■■□□　Thanks for taking care of* everything.
　　　（いろいろ面倒をみてもらってありがとうございます）

Part 03 別れのあいさつをする

> 解説 Thanks for ... 「…ありがとう」 put together「企画する」 set up「セッティングする」 arrange「調整する」 take care of ...「…の面倒をみる」

025 『とても楽しかったです』
■■■■ I've had such a good time!

その日がとても楽しかったとお礼を言いたいときには、ここで紹介するフレーズを使ってみましょう。

Ⓐ: I've had such a good time* today!!
（今日は楽しかったです！）
Ⓑ: Really? I'm so glad!
（そうですか？ それはよかった！）

言い換えフレーズ これも覚えたい！
■□□□ I've really enjoyed myself!*
（ほんとうに楽しめました！）
■□□□ I've thoroughly* enjoyed myself!
（最高に楽しめました！）
■■□□ This has been so pleasant!*
（とても楽しかったです！）
■■□□ This has been such a treat!*
（すごく楽しかったです！）
■■■□ This has been so fun!
（すごく楽しかったよ！）

> 解説 have a good time「楽しく過ごす」 enjoy oneself「楽しむ」 thoroughly「徹底的に」 pleasant「楽しい」 treat「楽しみ」

026 『…によろしく！』
■■■□ Tell ... I said hi!

別れ際に、相手の身内や友達などによろしく伝えてとおいてくださいとひとことつけ加えるのもいい習慣ですね。

Ⓐ: Tell John I said hi!*
（ジョンによろしく伝えてね！）
Ⓑ: I sure will!
（もちろん！）

言い換えフレーズ これも覚えたい！
■■□□ Be sure to* tell John I said hi!
（絶対にジョンによろしく言っておいてね！）
■■■□ Say hi to your husband for me!
（ご主人によろしく伝えておいてね！）
■■■□ Say hi to everybody!
（みんなによろしくね！）

Chapter 01 日常のあいさつフレーズ

■■□□ **Give my regards* to your folks!***
（ご両親によろしく伝えてくださいね！）
■□□□ **Give everyone at the office my regards!**
（事務所のみなさんによろしくお伝えください！）

解説 tell ... I said hi「私がよろしく言っていたと…に伝える」 be sure to ...「確実に…する」
regards「よろしくという伝言」 folks「両親」

Chapter 02

紹介のフレーズ

Chapter 02 紹介のフレーズ

Part 04 紹介する、紹介を受ける
Introductions

CD 1-04

027 『こちらが…さんです』
■■□□ **This is ….**

「こちらが〜さんです」と、紹介するときの基本フレーズは、ここで登場する This is … という言い方。シンプルですが、この場面では万能ですね。複数の人物を紹介するときには、These are … と複数形で始めてみましょう。

Ⓐ: **This is my best friend, Jim.**
（こちらは、親友のジムです）
Ⓑ: **Hi, Jim! I've heard a lot about you!**
（やあ、ジム！ 君のことはいろいろ聞いているよ！）

言い換えフレーズ これも覚えたい！

■■□□ This is Tom Delaney.
（こちらはトム・デラニーです）
■■□□ This is my boss, Sarah.*
（こちらが、上司のサラです）
■■□□ This is my oldest and dearest* friend!
（こちらが、僕のいちばん古くからの親友です）
■■□□ This is someone I've been wanting/meaning to* introduce* you to.
（あなたにずっと紹介したかった人ですよ）
■■□□ These are my cousins,* Becky and Frank.
（私のいとこのベッキーとフランクよ）
■■□□ These are some people I work with.
（いっしょに仕事をしている人たちです）

解説 my boss, Sarah「上司のサラ」 dearest「いちばん大切な；大好きな」 mean to …「…しようと意図する」 introduce「紹介する」 cousin「いとこ」

028 『…は古い友人なんです』
■■■□ **… is an old friend.**

だれかを紹介するときには、自分と紹介する人との間柄を説明するようにしましょう。紹介する人同士が、互いに親しみをもてるようになります。

Ⓐ: **This is Kristin. She's an old friend.**
（こちらはクリスティン。古い友人なんだ）
Ⓑ: **Hi Kristin. I'm so glad we can finally meet.**
（こんにちはクリスティン。とうとうお会いできてうれしいわ）

言い換えフレーズ これも覚えたい！

■■■□ We go way back.*
（古いつき合いなんですよ）

Part 04　紹介する、紹介を受ける

- ■■□□ She and I went to high school together.
  (高校にいっしょに通ったんです)
- ■■□□ We used to work at the same company.
  (かつて同じ会社に勤務してました)
- ■■□□ He's my oldest and dearest* friend!
  (いちばん古くからの親友なんです！)
- ■■■□ She's practically* my sister!
  (実際ほとんど私の姉妹と言ってもいいくらいなの！)

解説　go way back「かなりさかのぼる」　oldest and dearest「もっとも古くてもっとも親愛な」
practically「事実上」

029 『…に会ったことは？』
■■■□ **Have you met …?**

Have you …?（あなたは…したことがありますか？）と経験用法を使ってだれかを紹介する例をチェックしましょう。

Ⓐ: Have you met my boss before?
(私の上司に会ったことは？)
Ⓑ: No, I don't believe I have. Nice to meet you.
(いや、ないと思います。はじめまして)

言い換えフレーズ　これも覚えたい！

- ■■■□ Have you met Sarah Mulligan?
  (サラ・マリガンに会ったことは？)
- ■■■□ Have you met my husband yet?*
  (もう夫には会ってましたっけ？)
- ■■□□ Have you ever* met Bob from Marketing?*
  (営業部のボブに会ったことはある？)
- ■■■□ Have you two* met before?
  (ふたりは、もう知り合いでしたか？)
- ■■■□ Have I already* introduced you two?
  (もうふたりを引き合わせましたっけ？)
- ■■□□ Have you had a chance to* meet the bride?
  (新婦に会う機会はありましたか？)

解説　yet「もう」　ever「いままでに」　from Marketing「営業部の」　you two「あなた方ふたり」
already「すでに」　have a chance to …「…する機会がある」

43

Chapter 02 紹介のフレーズ

030 『…はご存知ですか？』
■■□□ Do you know ...?

「…は知ってますか？；ご存知ですか？」と、紹介する前に確認を取ることもあります。ひとつ前の、Have you ...? と同様の場面で使ってみましょう。

🅐: **Do you know Beverly?**
（ビバリーをご存知でしたっけ？）
🅑: **No, I don't believe I've had the pleasure yet.**
（いえ、まだお目にかかってないと思いますね）

言い換えフレーズ これも覚えたい！

- ■■□□ Do you know my father, Don?
  （父のダンをご存知でしたっけ？）
- ■■□□ Do you know that guy over there?* He's a friend of mine.*
  （向こうの人を知ってますか？ 私の友人なんですが）
- ■■□□ Do you two know each other?*
  （ふたりは知り合いでしたっけ？）
- ■■■□ Do you want to meet Kim Fortin?
  （キム・フォーティンに紹介しようか？）
- ■■■□ Do you know anyone here? I'll introduce you.
  （だれか知ってる人はいる？ 紹介するわよ）

解説 最後の例文はパーティーなどでよく使うフレーズ。
over there「向こう」　a friend of mine「私の友人」　each other「互いに」

031 『…に会ったことはある？』
■■□□ Have you met ...?

ひとつ前の項目と同じく、確認を取りつつ紹介する言い回し。Unit 29 でも紹介した Have you ...?（…したことはある？）と完了形で確認する例をさらにいくつかチェックしましょう。

🅐: **Have you met Sally? She's our new Marketing Director.**
（サリーにはもう会った？ うちの新しい営業部長だよ）
🅑: **No. Hey there, Sally! Welcome aboard!**
（いいえ。あら、サリーね！ ようこそ！）

言い換えフレーズ これも覚えたい！

- ■■□□ Have you met my father? This is Frank Flanagan.
  （父には会ってくれた？ 父のフランク・フラナガンよ）
- ■■■□ Have you two met?
  （ふたりはもう会ってたっけ？）
- ■■□□ Have you two been introduced?*
  （ふたりは紹介されましたか？）
- ■□□□ Have you been formally* introduced?
  （ふたりはもう正式に紹介されてます？）

解説 be introduced「紹介される」　formally「正式に」

Part 04 紹介する、紹介を受ける

032 『…さんを紹介してもいいですか？』
May I introduce …?

May I introduce …?（を紹介してもいいですか？）などのフレーズで前置きをしてから、紹介を始めることも可能です。

Ⓐ: May I introduce Jan? We've known each other since high school!
（ジャンを紹介してもいいですか？ 高校からのつき合いなんです）

Ⓑ: Wow! So nice to meet you, Jan.
（そうなの！ ジャン、会えてうれしいわ）

言い換えフレーズ これも覚えたい！

- May I introduce Tom, my husband?
  （夫のトムを紹介していいですか？）
- May I introduce you to my boss, Steve?
  （上司のスティーヴにあなたを紹介してもいいですか？）
- Allow me to* introduce you to my aunt, Sheila.
  （おばのシーラに、あなたを紹介させてください）
- Let me introduce you two. James, this is Tammy.
  （紹介させてくださいね。ジェームス、こちらがタミーよ）
- I'd like to* introduce one of my oldest friends, Greg.
  （古くからの友人のグレッグを紹介させて）
- I'd like to introduce you to my brother Chris.
  （あなたを兄のクリスに紹介したいの）

解説 allow me to … 「私が…するのを許可する」 I'd like to … 「…したいのですが」

033 『紹介してもらえますか？』
Would you introduce …?

知人にだれかを紹介してほしいと頼むときに使うフレーズ。Would you introduce? は「紹介してもらえますか？」という意味。

Ⓐ: Would you introduce me to that man over there?
（向こうの男性に紹介してもらえませんか？）

Ⓑ: Oh, that's Steve. Come on over with me and I'll introduce you.
（ああ、スティーヴね。いっしょに来てくれたら紹介するわ）

言い換えフレーズ これも覚えたい！

- Would you introduce us?*
  （紹介してくれない？）
- Would you introduce me to your mother?
  （あなたのお母さんに紹介してもらえる？）
- Can I get you to* introduce me to your band's guitarist?
  （あなたのバンドのギタリストさんに紹介してもらえない？）

解説 introduce us 「私たちを紹介する」→ここでは「知らないもの同士の私たちを、互いに紹介して」という意味合い。 Can I get you to … 「あなたに…してもらえますか？」

Chapter 02　紹介のフレーズ

034　『お会いしてないと思います』
■■□□　**I don't believe we've met.**

「会ったことはある？」などとたずねられたときの返事を覚えましょう。この項で出てくる don't believe は「…とは思はない」といった意味合いで使われています。

Ⓐ: I don't believe we've met.
　（お会いしたことはないと思いますね）
Ⓑ: Yes, first time. How do you do?
　（ええ、はじめてですね。はじめまして）

言い換えフレーズ　これも覚えたい！

- ■■□□　I don't believe I've ever met you before.*
　（以前お会いしたことはないかと思います）
- ■□□□　I don't believe I've had the pleasure.*
　（まだお目にかかっておりません）
- ■□□□　I don't believe we've been formally introduced.
　（正式に紹介されたことはないと思います）
- ■■□□　I don't believe you've introduced us.*
　（紹介していただいてはないですね）

解説　before「以前に；前に」　have the pleasure「光栄に浴す」
you've introduced us「あなたがわれわれを紹介した」

035　『ご紹介いただいてますよ』
■■□□　**We've been introduced.**

だれかが紹介してあげましょうかと言ってくれたのだけれど、すでに紹介を受けていて、顔見知りの場合には、以下の表現で対応しましょう。

Ⓐ: Do you two know each other?
　（ふたりはもうお知り合いでしたか？）
Ⓑ: Yes, we've been introduced.
　（ええ、紹介いただいてますよ）

言い換えフレーズ　これも覚えたい！

- ■□□□　We've been formally introduced.
　（正式に紹介してもらっています）
- ■■■□　We were just introduced.
　（ちょうど紹介してもらったところですよ）
- ■■□□　We've just been introduced to one another.*
　（ちょうど、お互い、紹介してもらったところですよ）
- ■■□□　We've just now* met.
　（いましがたお会いしました）
- ■■□□　We were introduced last time.
　（前回、紹介していただきましたよ）
- ■■■□　This is our second time to meet.*
　（会うのは二度目ですね）

解説 (to) one another「互いに」 just now「つい先ほど」 second time to meet「二度目の面会」

036 『(お名前を) 思い出せません』
■■□□ **I don't recall (your name).**

以前紹介されたり、会ったりしているのだが、いまひとつ覚えていなかったり相手の名前を失念してしまったときには、ここで取り上げる表現で正直に確認しておくのがいいでしょう。

🅐: We've met before, haven't we?
　　(以前、お会いしてますよね？)
🅑: Yes, but sorry, I don't recall your name.
　　(ええ、でもお名前が思い出せないんです。すみません)

言い換えフレーズ これも覚えたい！
- ■□□ Sorry, I can't seem to recall* your name.
  (すみませんが、お名前を思い出せないようなんです)
- ■□□ We've met, but I'm afraid* I've forgotten* your name.
  (お会いしてます。恐縮ですが、お名前を失念してしまいました)
- ■□□ I recall meeting you, but I don't recall your name.
  (お会いしたのは覚えているのですが、お名前を思い出せません)
- ■□□ I don't think we've exchanged names,* have we?
  (お互い名乗らなかったように思いますが、どうでしょう？)
- ■■□□ We've met, but I don't recall the occasion.*
  (お会いしましたが、いつだったか思い出せません)
- ■■□□ I remember meeting you, I just don't remember where.
  (お会いしたのは覚えてますが、どこだったでしょう)

解説 can't seem to recall「思い出せないようだ」 I'm afraid …「恐縮ですが…」 forget「忘れる」 exchange names「名乗り合う」 occasion「機会」

Part 05 初対面のあいさつをする
Greetings When Meeting
CD 1-05

037 『はじめまして！』
■■□□ **Nice to meet you.**

初対面のあいさつでよく使う表現を覚えましょう。Nice to meet you.（お会いできてうれしいです；はじめまして）が代表格です。「会う」という意味の動詞には、初対面の場合、meet を使うようにしましょう。

🅐: I'm Sally Richards. Nice to meet you.
　　(サリー・リチャーズです。はじめまして)
🅑: Hi Sally, I'm Ben Maynard. Nice to meet you too.
　　(こんにちは、サリー。ベン・メイナードです。はじめまして)

Chapter 02 紹介のフレーズ

言い換えフレーズ　これも覚えたい！

- ■■□□ I'm very happy to* meet you.
  （お会いできてとてもうれしいです）
- ■■■□ Good to meet you.
  （お会いできてうれしいです）
- ■■□□ It's a pleasure.*
  （光栄です）
- ■□□□ How do you do?
  （はじめまして）

解説 be happy to ... 「…してうれしい」　pleasure 「よろこび」

038　『お会いできてうれしいです』
■■□□ **I'm very happy to meet you.**

初対面のあいさつでは、相手に会えたうれしさを伝えると好印象です。be happy to ...（…してうれしい）、be a pleasure to ...（…はよろこびだ）などのフレーズを覚えましょう。

Ⓐ: I'm Cal Franklin. Nice to meet you.
　（キャル・フランクリンです。お会いできてうれしいです）
Ⓑ: I'm very happy to meet you, Cal. I've been looking forward to meeting you.
　（私もとてもうれしいですよ、キャル。あなたにお会いするのを楽しみにしていました）

言い換えフレーズ　これも覚えたい！

- ■□□□ It's a pleasure* (to meet you).
  （お会いできて幸いです）
- ■■□□ I'm so happy we could finally* meet!
  （ついにお会いできてとてもうれしいです！）
- ■■□□ I'm so glad* we can finally meet!
  （ついにお会いできてとてもうれしいです！）
- ■□□□ It's such a pleasure to meet you.
  （お会いできて非常にうれしいです）
- ■□□□ It gives me great* pleasure to meet you.
  （お会いできたことは大きなよろこびです）
- ■□□□ I'm very happy to make your acquaintance.*
  （お知り合いになれてとてもうれしく思います）

解説 pleasure「よろこび」　finally「ついに；とうとう；やっと」　glad「うれしい」　great「大いなる」 acquaintance「面識」

Part 05 初対面のあいさつをする

039 『お噂はかねがね』
■■□□ **I've heard a lot about you!**

紹介される以前に、相手のことをいろいろと耳にしていたときには、「お噂はいろいろ伺っています」といったひとことを添えてみましょう。

🅐: I've heard a lot about you, Karen!
（あなたのことはたくさん聞いていますよ、カレン！）
🅑: I hope most of it was good!
（いい噂が多いといいんですけどね！）

言い換えフレーズ これも覚えたい！

- ■■□□ I've heard so much* about you!
  （いろいろと伺っていますよ！）
- ■■□□ Jim has told me so much about you!
  （ジムからいろいろと聞いていますよ！）
- ■■■□ Phil has told me ALL* about you!
  （フィルがあなたのことは全部話してくれました！）
- ■■■□ I feel like we know each other!*
  （お互いに知り合いみたいな気がします！）

解説 so much「とてもたくさん」　all「全部；すっかり」　each other「互いに」
最後の文は、いろいろと噂を耳にしているので、もう知人同士みたいな気がする、ということ。

040 『ずっとお会いしたかったんです』
■■□□ **I've been wanting to meet you.**

人から噂を聞いていて、その人に長いこと会いたいと思っていた場合などには、ここで紹介するフレーズを使ってみましょう。

🅐: I'm Dale Gordon. I've been here about a month.
（デール・ゴードンです。ここはひと月ほどになります）
🅑: Oh, Dale! I've been wanting to meet you! How's the job going?
（ああ、デールさん！お会いしたかったんです！仕事はどうですか？）

言い換えフレーズ これも覚えたい！

- ■■□□ I've been hoping* we could meet.
  （お会いできればいいなと思ってましたよ）
- ■■□□ I've been looking forward to* meeting you.
  （お会いできるのを楽しみにしていたんです）
- ■■□□ I was wondering* when I'd finally get to meet you.
  （いつお会いできるものかなーと思ってました！）

解説 hope「期待する；望む」　look forward to ...「…を楽しみにしている」
wonder「あれこれ思いを巡らす」
最後の表現は、くだけた言い方で、冗談まじりなニュアンス。

Chapter 02 紹介のフレーズ

041 『こちらこそ、はじめまして』
■■■□ **Nice to meet you too.**

初対面のあいさつでの返事の定番フレーズを覚えましょう。

Ⓐ: Nice to meet you, Felice.
（フェリス、お会いできてうれしいです）
Ⓑ: Nice to meet you too, Jack.
（こちらこそ、ジャック）

言い換えフレーズ これも覚えたい！

- ■■■□ (It's) Nice to meet you too.
  （こちらこそ［お会いできて］うれしいです）
- ■■□□ The pleasure is mine.* （こちらこそ）
- ■■□□ The pleasure is all mine.* （こちらこそうれしい限りです）

解説 The pleasure is mine. → 直訳すると、「よろこびは私のものです」ということ。ずっと待ちこがれていた人に会えてうれしい気持ちを表現するていねいな言い方。
The pleasure is all mine. → The pleasure is mine. をさらに丁重にしたもの。

Part 06　名前を名乗る、自己紹介する
Introducing Oneself　CD 1-06

042 『私は…です』
■■■□ **I'm ….**

初対面での自己紹介のフレーズをチェックしていきましょう。I'm … と表現したほうが、My name is …（私の名前は…です）と言うよりも自然に聞きえます。また、自分のニックネームを続けて伝えるのも好印象ですね。

Ⓐ: I'm Tom Martin. It's nice to meet you.
（トム・マーチンです。お会いできてうれしいですね）
Ⓑ: Nice to meet you too, Tom.
（こちらこそ、トム）

言い換えフレーズ これも覚えたい！

- ■■■□ My name's Jill Salinger.
  （私はジル・サリンジャーです）
- ■■□□ My name's Greg Taggart. Please call me Greg.*
  （私はグレッグ・タガートです。グレッグと呼んでください）
- ■■□□ I'm Andy Barrons. Just* call me Andy.
  （私はアンディ・バロンズです。アンディと呼んでください）
- ■■■□ I'm Thomas, Tom for short.*
  （トーマスです。トムと呼んでください）
- ■■■□ I'm Calvin Franklin, but everybody calls me Cal.
  （カルバン・フランクリンですが、みんなはキャルと呼びます）

解説 call A B「A を B と呼ぶ」　just「ただ；単に」　for short「短く言うと；ニックネームで言うと」

Part 06　名前を名乗る、自己紹介する

043　『…と呼んでください』
■□□□ Please call me ....

名前を名乗るときには、ニックネームをいっしょに伝えましょう。日本人の名前なら、最初の数文字を取って、ネイティヴの発音しやすいニックネームにするのがいいですね。

Ⓐ: I'm Greg Stevens. Please call me Greg.*
　（グレッグ・スティーヴンスです。グレッグと呼んでください）
Ⓑ: Sure, Greg. And please call me Meg.
　（ええ、グレッグ。私のことはメグと呼んでくださいね）

言い換えフレーズ　これも覚えたい！

- ■□□□　Please call me Greg, short for* Gregory.
　（グレッグと呼んでください。グレゴリーのニックネームです）
- ■■□□　My name is Thomas, but everybody calls me Tom.
　（名前はトーマスですが、みんなトムと呼びます）
- ■■□□　My name is Frederick, but I go by* my middle name, Jason.
　（名前はフレデリックですが、ジェイソンとミドルネームで呼ばれています）
- ■■□□　Please call me by my nickname,* Jessie.
　（ニックネームでジェシーと呼んでください）
- ■■■□　My nickname is Chip.
　（ニックネームはチップです）

解説 call A B「A を B と呼ぶ」　short for ...「…を短くしたもの」　go by ...「…という呼び名で通っている」　nickname「ニックネーム」

044　『…のルームメイトなんです』
■■■□ I'm -'s roommate.

自己紹介するときには、自分と紹介者との間柄をかんたんに説明するといいですね。Unit 28 の表現も参考にしましょう。

Ⓐ: Hi, I'm Dale. I'm Kim's roommate.
　（こんにちは、デールです。僕はキムのルームメイトなんですよ）
Ⓑ: Hi, Dale! Kim and I go way back!
　（こんにちは、デール！ キムと私はすごく古いつき合いなの！）

言い換えフレーズ　これも覚えたい！

- ■■■□　I'm Jake's wife, Valerie.
　（ジェイクの妻のヴァレリーです）
- ■■■□　Brenda and I work together.*
　（ブレンダとはいっしょに仕事をしています）
- ■■□□　Vick and I work together at university.
　（ヴィックは大学の同僚なんです）
- ■■■□　We go to the same school.
　（同じ学校に通ってます）
- ■■■□　We're cousins.*
　（私たち、いとこ同士なんです）

解説 work together「いっしょに仕事をする」 cousin「いとこ」

Part 07 知らない人に声をかける
Meeting for the First Time
CD 1-07

045 『まだお会いしたことはないですよね？』
■■□□ **We haven't met yet, have we?**

パーティーなどで、知らない人物に声をかけるときには、ここで紹介する言い方で話しかけてみましょう。haven't met は「会ったことがない」の意。通りなどで人に声をかける言い方は、Chapter 3 を参照。

Ⓐ: We haven't met yet, have we? I'm Bruce.
　　（まだお会いしたことはないですよね？ 私はブルースです）
Ⓑ: No, Bruce, first time. I'm Jill. Nice to meet you.
　　（ええ、ブルース、はじめてですね。私はジル。お会いできてうれしいわ）

言い換えフレーズ これも覚えたい！

■■□□ We haven't met before, have we?
　　（以前お会いしたことはないですよね？）
■■□□ This is our first time* to meet, isn't it?
　　（お会いするのははじめてですよね？）
■■□□ I'm meeting you for the first time, right?
　　（はじめてお会いしますよね？）
■■□□ We haven't been introduced,* have we?
　　（まだ紹介されてはいませんよね？）
■□□□ We haven't been formally* introduced yet, have we?
　　（私たち、正式に紹介されてはいませんよね？）

解説 first time「最初」 be introduced「紹介される」 formally「正式に」

046 『以前お会いしましたっけ？』
■■□□ **Have we met before?**

はじめてかもしれないけれども、もしかするとどこかで会ったかもしれないと思ったら、これらの表現を使いましょう。

Ⓐ: Have we met before? I'm Tom, and you look familiar.
　　（以前お会いしましたっけ？ トムと言いますが、どうも見覚えがあるんですが）
Ⓑ: Tom, I'm Mary. Don't you remember? We met at a party last month.
　　（トム、メアリーですよ。覚えてませんか？ 先月パーティーでお会いしましたよ）

言い換えフレーズ これも覚えたい！

■■□□ Haven't we met before?
　　（以前お会いしませんでしたっけ？）
■■□□ We've met, haven't we?
　　（お会いしましたよね？）

Part 07　知らない人に声をかける

- ■■■□ I feel like I know you from somewhere.*
  (どこかで会った気がするんですけど)
- ■■■□ I'm pretty sure* we've met.
  (きっとどこかで会いましたよね)
- ■■□□ Forgive me,* but we've met before, right?
  (すみません、以前お会いしてますよね？)

解説　from somewhere「どこかで」　be pretty sure「かなり確かだ」　Forgive me, but …「すみませんが…」

047 『どこでお会いしましたっけ？』
■■■ Where do I know you from?

このセクションも、ひとつ前と同じく、どこかで会ったことがある気がする人への語りかけ表現です。

Ⓐ: Sorry, but where do I know you from?
　(すみませんが、どこでお会いしたのでしたっけ？)
Ⓑ: You don't remember? I'm Tammy. We met at Sarah Jones' wedding.
　(覚えてませんか？ タミーです。サラ・ジョーンズの結婚式で会いましたよ)

言い換えフレーズ　これも覚えたい！
- ■■■□ Where did we meet?
  (どこで会いましたっけ？)
- ■■■□ How do I know you?*
  (どうしてあなたを知っているのでしょう？)
- ■■□□ I can't place* where I met you.
  (どこでお会いしたか覚えてないんですが)
- ■■□□ I can't place how I know you.
  (どうやってお会いしたかわからないんですが)
- ■■■□ I'm trying to remember* how we met.
  (どうやってお会いしたか思い出しているのですが)

解説　How do I know you? → 直訳は「どうのように私はあなたを知っているのでしょう？」。
　　　place「思い出す」　try to remember「思い出そうとする」

048 『お名前は、…ですよね？』
■■■ Your name's …, right?

面識はあるけれども、相手の名前をはっきり思い出せないときに使いましょう。…, right? は「…ですよね」という気持ちで。名前以外の質問にも、下記のような付加疑問文を使ってみましょう。

Ⓐ: Your name's Sarah, right?
　(お名前は、サラですよね？)
Ⓑ: Yes … oh, hi! You're Luke, aren't you?
　(ええ…ああ、こんにちは！ ルークよね？)

Chapter 02 紹介のフレーズ

言い換えフレーズ 〈これも覚えたい！〉

- ■■□□ You're Luke, aren't you?
  （あなたはルークよね？）
- ■■□□ You're Trevor's girlfriend, aren't you?
  （君はトレヴァーの彼女ですよね？）
- ■■□□ You work in the same company as* me, right?
  （僕と同じ会社ですよね？）
- ■■□□ You played piano at my wedding,* didn't you?
  （僕の結婚式でピアノを弾いてくれましたよね？）

〈解説〉 same company as ...「…と同じ会社」 wedding「結婚（式）」

---

049 『お名前をもう一度』
■■■□ **What was your name again?**

はじめて会った人の名前は聞き取りにくいもの。間違いのないように確認しておくことが大切ですね。

Ⓐ: I'm sorry, what was your name again?
（すみません、お名前をもう一度）
Ⓑ: It's Jill. And you're Barry, right?
（ジルですよ。で、あなたはバリーでしたよね？）

言い換えフレーズ 〈これも覚えたい！〉

- ■■□□ Could you tell me your name again?
  （お名前をもう一度教えてくださいますか？）
- ■□□□ I'm afraid* I've forgotten your name.
  （失礼ですが、お名前を失念しました）
- ■□□□ I'm trying to* remember* your name.
  （お名前を思い出そうとしてるんですが）
- ■■□□ Sorry, I can't remember your name.
  （すみません、お名前、思い出せないのですが）

〈解説〉 I'm afraid ...「失礼ですが…」 try to ...「…しようとする」 remember「思い出す」

---

050 『苗字はどう発音なさるのですか？』
■■□□ **How do you pronounce your last name?**

相手の名前そのもの、あるいは名前の発音やスペリングを確認する言い方を覚えましょう。

Ⓐ: How do you pronounce* your last name?*
（苗字はどう発音するのですか？）
Ⓑ: Ah, yes, it's a little hard. It's Wa-zin-sky. It's a Polish name.
（ああ、ちょっと難しいですよね。ワジンスキーです。ポーランドの姓なんですよ）

言い換えフレーズ 〈これも覚えたい！〉

- ■■□□ How do you say your name?
  （お名前はなんと発話するのでしょう？）

Part 07　知らない人に声をかける

- ■■□□ How do you spell* your last name?
  （苗字はどういう綴りですか？）
- ■■□□ Is your last name pronounced Wa-zin-sky?
  （苗字はワジンスキーと発音しますか？）
- ■■□□ Would you mind spelling that?
  （綴っていただけますか？）
- ■■□□ Can you spell that?
  （綴ってみてもらえますか？）
- ■■■□ Wazinsky. Am I saying that right?
  （ワジンスキーさんで正しいですか？）

解説　pronounce「発音する」　last name「苗字」　spell「綴る」

Chapter 03

見知らぬ人への話しかけフレーズ

Part 08 見知らぬ人に話しかける、たずねる

見知らぬ人に話しかける、たずねる
Getting Someone's Attention

CD 1-08

051 『ちょっとすみません』
Excuse me.

ここからは、街中などで見知らぬ人に声をかけるときの言い方を確認しましょう。日本語の「すみませんが」などにあたる表現群です。通常は、Excuse me. や Pardon me. を使いましょう。ちょっと急いで声をかけたいときなどには、ほかの4表現を使ったりもします。

Ⓐ: Excuse* me.
　（すみません）
Ⓑ: Yes? Can I help you?
　（はい？ どうしました？）

言い換えフレーズ　これも覚えたい！

- Pardon* me.
  （すみません）
- Sir!*
  （そちらの方！）
- Ma'am!*
  （そちらの方！）
- Hey!
  （あのさ！；おい！）
- Hey, you!
  （ねえ、あんた！）

解説 excuse = pardon「許す」　Sir! → 男性への呼びかけ。　Ma'am! → 女性への呼びかけ。

052 『ちょっとよろしいでしょうか？』
Can I trouble you for a moment?

相手を呼び止めてちょっと頼み事などをしたいときのていねいな言い回しを覚えましょう。

Ⓐ: Can I trouble* you for a moment?*
　（ちょっとよろしいでしょうか？）
Ⓑ: Yes. What is it?
　（ええ。なんでしょう？）

言い換えフレーズ　これも覚えたい！

- Do you have a moment to spare?*
  （ちょっとお時間をいただけますか？）
- Can I take a minute of your time?
  （ちょっとお時間をちょうだいできますか？）
- Can I have a moment, please?
  （少々よろしいでしょうか？）

解説 trouble「迷惑をかける」　for a moment「少々の時間」　spare「時間などを割く」

Chapter 03　見知らぬ人への話しかけフレーズ

053 『すみません…を探しています』
■■□□ Excuse me, I'm looking for ....

知らない人に道をたずねたりする場面での、必須フレーズをチェックしましょう。Unit 51, 52 の表現と組み合わせながら使ってみるといいですね。

A: Excuse me, I'm looking for* the South Exit Mall.
（すみませんが、南口商店街を探しているんですが）
B: Ah, that's over that way, about two blocks further down from here.
（ああ、それならあっちのほうですよ。ここから2ブロックほどのところです）

言い換えフレーズ　これも覚えたい！

■■□□　Excuse me, but I'm trying to find* the post office.
　　　（すみませんが、郵便局を探しているんですが）
■■□□　Excuse me, can you help me find a drugstore near here?
　　　（すみません、近くのドラッグストアを探すのを手伝ってもらえますか？）
■■■□　I'm sorry, could/can you give me directions?*
　　　（すみません、道を教えてもらえませんか？）
■■■□　I just need quick directions.
　　　（ちょっと道を教えてもらえます？）
■■■□　I'm lost.* Can you show me where the station is?
　　　（迷ってしまったんですが、駅はどっちでしょう？）
■■■■　I'm totally* lost!
　　　（完全に迷子なんです！）

解説　look for ...「…を探す」　try to find「見つけようとしている」　directions「方角；道順」
　　　lost「道に迷った」　totally「完全に」

054 『あなたを知ってるように思います』
■■■□ You look very familiar to me.

はっきりはしないけれども、相手を知っているような気がしたときには、ここで紹介するような表現を使いましょう。familiar はこの場合「見覚えのある」という意味の形容詞。

A: Excuse me, but you look* very familiar to me.
（すみませんが、どうもあなたを知っているように思います）
B: Do I?　I wonder where we may have met.
（僕ですか？ どこで会ったでしょうか）

言い換えフレーズ　これも覚えたい！

■■■□　You seem* very familiar to me.
　　　（すごくあなたに見覚えがあるように思えます）
■■■□　I think I know you from somewhere.*
　　　（どこかでお会いしたような）
■■□□　I feel like I've met you before.
　　　（以前お会いしたような気がします）

Part 08 　見知らぬ人に話しかける、たずねる

- ■■□□ I'm pretty sure* I know you.
  (確かにあなたを知っていると思うんですが)
- ■■□□ I'm pretty sure we know each other.*
  (私たち、知り合いだと思うんですが)

解説 look ... = seem ...「…のようだ」　from somewhere「どこかで」　pretty sure「かなり確かに」　each other「お互いに」

---

055 『これ、あなたのものでは？』
■□□□ **I believe this is yours.**

前を歩いている人がものを落としたときなどの表現をチェックしておきましょう。かんたんですが、知らなければ、なかなか口から出てこない言い回しです。

Ⓐ: Excuse me, I believe* this is yours?
(すみません。これはあなたのでしょ？)

Ⓑ: Oh! Thanks! I must have dropped it!
(ああ、どうも！ 落としちゃったのね！)

言い換えフレーズ　これも覚えたい！

- ■□□□ I believe this belongs to* you.
  (これはあなたのものだと思いますが)
- ■□□□ Is this by any chance* yours?
  (これ、もしかして、あなたのものでは？)
- ■■□□ I think you've just dropped* this.
  (いま、これを落としませんでしたか？)
- ■■□□ Didn't you just drop this?
  (これ、いま落としませんでした？)
- ■■□□ This belongs to you, doesn't it?
  (これあなたのでしょ、違いますか？)

解説 believe「信じる」　belong to ...「…に属する」　by any chance「もしかして」　drop「落とす」

59

Chapter 03 　見知らぬ人への話しかけフレーズ

Part 09　身近な話題で話しかける
Making Small Talk

056　『すばらしい天気ですね！』
■■□□ **Such nice weather today!**

ネイティヴは道で出会った人にも、よくお天気の話題などで話しかけます。これは知らない人とコミュニケーションを取って安心感を得る手段でもあります。

Ⓐ: Such nice weather* today!
　（今日はすばらしい天気ですね！）
Ⓑ: Isn't it? I wish it could always be like this!
　（そうですね。いつもこうだといいんですが）

言い換えフレーズ　これも覚えたい！

■■■□　Such a nice day!
　（すばらしい天気ですね！）
■■■□　Such a lovely* day/weather!
　（すてきなお天気ですね！）
■■□□　The weather today is perfect!*
　（今日の天気は最高ですね！）
■■□□　I love this weather!
　（いいお日和ですね！）
■■□□　What a great day this is!
　（とてもすばらしい天候ですね！）

解説　weather「天気；天候」　lovely「すてきな」→ アメリカではやや女性的なニュアンス。perfect「完璧な」

057　『これ以上の好天はありませんね！』
■■□□ **You couldn't ask for nicer weather!**

もう少し、よいお天気ついてコメントする表現をチェックしておきます。couldn't ask は「願おうにも願えない」というニュアンス。

Ⓐ: You couldn't ask for* nicer weather than this!
　（これ以上の好天はありませんね！）
Ⓑ: I know! It's perfect!
　（そうですね！完璧です！）

言い換えフレーズ　これも覚えたい！

■■□□　You couldn't ask for better* weather than this!
　（これ以上いいお天気は望めませんね！）
■■□□　This weather couldn't be more perfect!*
　（これ以上の好天なんてありませんよね！）

Part 09 身近な話題で話しかける

■■□□ It's hard to imagine* a nicer day (than today)!
（これ以上の好天は想像できませんよね！）

解説 ask for ...「…を求める；望む」 better「さらによい」 more perfect「さらに完璧な」 imagine「想像する」

058 『お天気、あまりよくなさそうだね』
■■■□ The weather's not looking so good.

好天ではなく、あまり天気のいい日でなければ、どのようなコメントをすればいいでしょうか。少しチェックしてみましょう。

Ⓐ: The weather's not looking so good.*
　（お天気、あまりよくなさそうですよね）
Ⓑ: I know. I hope it doesn't rain.
　（そうですね。雨にならないといいけど）

言い換えフレーズ これも覚えたい！
■■■□ It's clouding up* all of a sudden.*
　（急に曇ってきましたね）
■■■□ I don't like the looks of this weather.
　（空模様がよくないですね）
■■■□ I don't think the nice weather is going to hold up.*
　（いいお天気はもたないと思いますよ）
■■■□ This weather's not looking too good.
　（あまりよい天気には思えませんね）

解説 not so good「あまりよくない」 cloud up「曇る」 all of a sudden「突然に」 hold up「持ちこたえる；持続する」

059 『かなり曇ってますね！』
■■■□ It's so cloudy today!

前の Unit に続いて、曇りの空模様についてのコメントをもう少し続けて見ていきましょう。

Ⓐ: It's so cloudy* today!
　（かなり曇ってますね！）
Ⓑ: Yeah, and I was hoping to do some yard work.
　（ええ、ちょっと庭仕事がしたかったんですけどね）

言い換えフレーズ これも覚えたい！
■■■□ The skies are so gloomy!*
　（鬱陶しい空模様ですね！）
■■■□ The sky has gone so gray!*
　（空がすごく暗くなりましたね！）

Chapter 03 見知らぬ人への話しかけフレーズ

- ■■■■ What happened to the sun?
  （お日さまはどうしたんだ？）
- ■■□□ Those look like storm clouds.*
  （あれは雷雲のようですね）

解説 cloudy「曇りの」 gloomy「陰鬱な；薄暗い」 go gray「灰色になる；曇る」 storm clouds「雷雲」

060 『ひどい天気だね！』
■■■□ **Such terrible weather!**

次は、ひどい天候についてコメントするときの英語をチェックしてみましょう。

Ⓐ: Such terrible* weather!
（ひどい天気だね！）
Ⓑ: Indeed!　Better to just stay indoors all day!
（ホントに！ 一日、家にいたほうがいいかも！）

言い換えフレーズ これも覚えたい！
- ■■■□ Such horrid* weather
  （いやな天気だよね！）
- ■■■□ This is horrid weather!
  （これはいやな天気だ！）
- ■■■□ The weather today is horrid!
  （今日の天気、いやだねー）
- ■■■□ Can you believe this terrible weather?
  （この悪天候、信じられる？）
- ■■■□ I hate* storms!
  （憎たらしい雷雨だなー）

解説 terrible「ひどい」 horrid「いやな；ぞっとする」 hate「嫌う」

061 『最近の天気、どうかしてるね！』
■■■■ **Crazy weather these days!**

昨今では、異常気象の影響でおかしな天候も増えてきましたね。ふつうでは考えられないようなお天気にコメントする言い方をまとめてみましょう。

Ⓐ: Crazy* weather these days!
（このところの天気はどうかしてるわ！）
Ⓑ: I know!　It just goes up and down!
（そうさ！ 暑くなったり寒くなったりだよね！）

言い換えフレーズ これも覚えたい！
- ■■□□ The weather is so unpredictable* lately.
  （最近のお天気は予測できませんね）
- ■■■□ The weather is so changeable!*
  （お天気がすごく変わりやすいですよね！）

■■■□ The weather just keeps going up and down!*
（お天気、暑くなったり寒くなったりね！）
■■■□ The weather changes every five minutes!
（5分おきに天気が変わってるよ！）
■■■■ How do you like* this crazy weather?
（この狂った天気、どうよ？）

解説 crazy「どうかした；おかしい」　unpredictable「予測不能の」　changeable「変わりやすい」
go up and down「暑くなったり寒くなったりする」　How do you like ...?「…はどう思う？」

062　『今日は寒いねー！』
■■■■ Man, it's cold today!

その日の暑さ、寒さに言及しながら話題作りすることも多いですね。まずは、寒さの表現からチェックしましょう。

Ⓐ: Man,* it's cold today!
（よお、今日は寒いねー）
Ⓑ: Yeah, I hate it!
（うん、寒いのは大嫌いよ）

言い換えフレーズ　これも覚えたい！
■■■■ It's freezing* today!
（今日は冷えるよねー！）
■■■■ Brrrrr, it's cold!
（ブルブル、寒いよ！）
■■■□ It is frigid* today!
（凍えるねー）
■■□□ It's so cold!
（すごく寒いですね！）

解説 Man, ...「よお」→ スラング的な響きの呼びかけ。　freezing「凍えそうに寒い」
frigid「凍りつきそうに寒い」

063　『すごく暑いね！』
■■□□ It's so hot!

Unit 62とは反対に、ものすごい暑さを表す表現をチェックしましょう。「蒸し暑い」などの言い方は日本国内でネイティヴと話すときにもよく使えますね。

Ⓐ: It's so hot!
（すごく暑いですよね！）
Ⓑ: I can hardly stand it!
（耐えられないですね〜！）

Chapter 03　見知らぬ人への話しかけフレーズ

言い換えフレーズ　これも覚えたい！

- ■■■■ It's so hot today!
  （今日はすごく暑いね！）
- ■■■■ It's so muggy* today!
  （今日はすごく蒸し暑いね！）
- ■■■□ It's so humid* today!
  （すごく湿気があるよね！）
- ■■■□ It's like a sauna* outside!*
  （外はサウナみたいだね！）
- ■■■■ I can't stand* this heat!
  （この暑さ、耐えられないよ！）
- ■■■■ I can't take* this heat!
  （この暑さには参るよ！）

解説　muggy「蒸し暑い」　humid「湿気のある」　sauna「サウナ」　outside「外は；戸外は」
stand「我慢する」　take「受け入れる；耐える」

064　『すばらしい朝ですね！』
■■□□ It's a beautiful morning!

天候以外の話題でも、見知らぬ人との会話は成り立ちます。ここでは、朝や夕方の雰囲気、気持ちのよさにコメントする表現をチェックしましょう。この Unit の言い方は、どちらかと言うと、女性のほうが男性よりもよく使います。

A: Hi, Monica. It's a beautiful* morning!
　　（やあ、モニカ！ すばらしい朝だね！）
B: Yes it is!
　　（ええ、そうですね！）

言い換えフレーズ　これも覚えたい！

- ■■□□ It's a beautiful Spring morning!
  （すばらしい春の朝ですね！）
- ■□□□ Such a lovely* morning!
  （とてもすてきな朝ですね！）
- ■□□□ Such a pleasant* afternoon!
  （とてもすてきな午後ですね！）
- ■□□□ Such a lovely evening!
  （とてもすてきな夕べですね！）

解説　beautiful「美しい；すばらしい」　lovely「すてきな」　pleasant「心地よい；気持ちのよい」

Part 09 身近な話題で話しかける

065 『あの夕陽、見てごらん！』
Just look at that sunset!

今度は、空、星空、雲などを話題にするときに使うフレーズをチェックしましょう。

Ⓐ: Just look at that sunset!*
　（あの夕陽、見てごらん！）
Ⓑ: Oh, it's gorgeous!
　（わあ、きれいですね！）

言い換えフレーズ これも覚えたい！

- Take a look at* that moon!
  （ちょっと月を見てごらん！）
- Look how blue the sky is!
  （空の青さを見てよ！）
- Those clouds are amazing!*
  （あの雲すてき！）
- Those clouds look like castles!*
  （あの雲、お城みたい！）
- You can see a million* stars tonight!
  （今日はものすごく星が見えるね！）
- The stars tonight are amazing!
  （今夜の星はすごいね！）

解説　sunset「夕陽；日没」　take a look at ...「…をちょっと見る」　amazing「驚くべき」　castle「城」　million「百万」

066 『きれいなワンちゃんですね！』
What a beautiful dog!

道端では、犬を散歩させている人もよく見かけます。犬を話題にすれば、スムーズに打ち解けて話をすることができますね。

Ⓐ: What a beautiful dog!
　（きれいなワンちゃんですね！）
Ⓑ: Why, thank you!
　（わあ、ありがとう！）

言い換えフレーズ これも覚えたい！

- Your dog is beautiful!
  （ワンちゃんすごくきれいですね！）
- Your dog is so cute!*
  （ワンちゃん、すごくかわいい！）
- He's so friendly!*
  （すごく人なつっこいね！）

Chapter 03　見知らぬ人への話しかけフレーズ

■■■■ He's huge!*
　　　（大きいわねー！）
■■■□ I bet he eats a lot!
　　　（たくさん食べるでしょー！）

解説　cute「かわいい」　friendly「人なつっこい」　huge「とても大きな」

067　『ワンちゃんはいくつ？』
　　■■■□ How old is your dog?

ペットを話題にするときのもうちょっと詳しい表現もいっしょに覚えておきましょう。

Ⓐ: How old is your dog?
　　（ワンちゃん、いくつなの？）
Ⓑ: She just turned two.
　　（2歳になったばかりなんですよ）

言い換えフレーズ　これも覚えたい！
■■□□ What breed* is it?
　　　（犬種はなんですか？）
■■□□ It's a Corgi, isn't it?
　　　（そのワンちゃん、コーギーでしょ？）
■■□□ Is it a male* or a female?*
　　　（そのワンちゃん、オスですか、メスですか？）

解説　breed「種；種族；血統」　male「オス；男性」　female「メス；女性」

Chapter 04

会話を始め、つなぐフレーズ

Chapter 04 会話を始め、つなぐフレーズ

Part 10 話を切り出すひとこと
Starting a Conversation

CD 1-10

068 『ねえ；おい』
■■■■ Hey, ...

相手に話しかける瞬間、「ねえ」「ああ」「ええと」などとひとことつぶやいてから声をかけることは多いものですね。まずは、そういった些末な言葉をチェックしていきましょう。

A: Hey,* did you call me yesterday?
（ねえ、昨日私に電話した？）
B: I don't remember. If I did, it wasn't important.
（覚えてないな。かけたとしたら大事な話じゃないと思うな）

言い換えフレーズ これも覚えたい！

■■■■ Oh hey, ...
（ねえ；おい；あのさー）
■■■□ Oh, ...
（ああ；そうだ）
■■■□ Uh, ...
（ええと）
■■■□ Um ...
（うーんと）

解説 hey「ねえ；おい」→ くだけた感じに声をかけるときに使うひとこと。

069 『ちょっと聞いて』
■■■■ Listen to this!

話を切り出すときの「ちょっと聞いて」という日本語にあたる言い回しを覚えましょう。この Unit の表現は、いずれもくだけた響きの話の切り出し方です。

A: Listen to this! Karen has a boyfriend!
（ちょっと聞いて！ カレンったら彼氏がいるのよ！）
B: Really? What's he like?
（そうなの？ どんな人？）

言い換えフレーズ これも覚えたい！

■■■■ Listen up!*
（ちょっと聞いて！）
■■■■ Wait till I tell you this!*
（この話、聞いてよ！）
■■■■ Wait till I tell you!
（ちょっと聞いて！）
■■■■ Wait till you hear!
（ちょっと聞いて！）

Part 10 話を切り出すひとこと

> **解説** listen up「よく聞く」 Wait till I tell you this! → 直訳は「私がこれを話すまで待ちなさい」。ここから転じて、「ちょっと話を聞いて」という意味で用いられているひとこと。

070 『あのね；あのさー』
■■■■ Hey, guess what!

話を切り出すときには「あのね」「あのさー」といった表現も使いますね。その英語バージョンもチェックしましょう。

Ⓐ: **Hey, guess what?***
　（ねえねえ、あのね）
Ⓑ: **What?**
　（なーに？）

言い換えフレーズ これも覚えたい！

■■■■ **Guess what I heard!**
　（あのね、聞いたんだけどさ）
■■■■ **Guess what happened yesterday!**
　（昨日あったこと知ってる？）
■■■□ **Do you know what?***
　（あのね）
■■■□ **You know what?**
　（あのね）

> **解説** Guess what? →「なんだか当ててみて」が直訳。くだけた感じで話を切り出すときのひとこと。
> Do you now what? → 直訳は「なんだか知ってる？」。このフレーズも話を切り出すときによく使う言い回し。

071 『信じられないと思うなー』
■■■■ You'll never believe what happened!

「信じられないと思うよー」と、ちょっと相手の興味を引きながら話を切り出すときの言い方もチェックしましょう。

Ⓐ: **You'll never believe what happened!***
　（信じられないと思うんだよねー！）
Ⓑ: **Tell me!**
　（教えてよっ！）

言い換えフレーズ これも覚えたい！

■■■□ **You'll never guess* what happened!**
　（想像もつかないと思うんだよねー！）

> **解説** what happened「なにが起こったか」 guess「推測する」

69

Chapter 04 会話を始め、つなぐフレーズ

072 『聞いた？』
■■■□ Have you heard?

「聞いた？」「…の話、聞いた？」と問いかけながら、話を切り出す方法もあります。

Ⓐ: Hey, have you heard?
　　(ねえ、聞いた？)
Ⓑ: About what? Tell me!
　　(なんのこと？ 教えてよ！)

言い換えフレーズ　これも覚えたい！

- ■■□□ Have you heard about the changes to the plan?
　　(計画の変更のこと聞いた？)
- ■■□□ Have you heard the latest* about the project?*
　　(プロジェクトの最新情報は聞いた？)
- ■■□□ Did you hear about Jim's promotion?*
　　(ジムの昇進のこと聞いた？)
- ■■□□ Did you hear the latest about Karen's job hunt?*
　　(カレンの就活の最新情報は聞いた？)

【解説】latest「最新の情報」　project「プロジェクト」　promotion「昇進；昇格」　job hunt「就職活動」

073 『あっ、ちょっと待って』
■■■■ Oh, wait ...

「ちょっと待って」「ところで」「そう言えばさ」など、話をちょっと遮って新しい話題を切り出すこともありますね。そんなときの英語フレーズも覚えましょう。

Ⓐ: Oh,* wait, weren't we supposed to talk about something?
　　(あっ、ちょっと待って。私たちなにかについて話をするんじゃなかった？)
Ⓑ: Oh, yeah, I forgot! Thanks for reminding me.
　　(ああ、そうそう、忘れてた！ 思い出させてくれてありがとう)

言い換えフレーズ　これも覚えたい！

- ■■■□ Oh, by the way* ...
　　(ああ、そう言えば…)
- ■■■□ By the way ...
　　(ところでさ…)
- ■■■■ Oh, yeah ...
　　(ああ、そうだ…)
- ■■■■ Oh, look ...
　　(あっ、そうそう…)

【解説】Oh「ああ；あっ」　by the way「ところで」

Part 10 話を切り出すひとこと

074 『ご注目をお願いいたします！』
May I have your attention, please?

日常会話ではなく、会議やプレゼンなどで話を切り出すときの言い回しも、ついでにチェックしておきましょう。

A: May I have your attention,* please? I'd like to get started.*
（ご注目をお願いします！ 始めたいと思います）
B: (audience or group becomes quiet)
（[聴衆が静かになる]）

言い換えフレーズ これも覚えたい！
- Can I have everyone's attention?
（みなさま、ご注目をお願いします！）
- Can everyone hear me?
（みなさま、お聞きになれますでしょうか？）

解説 attention「注目」 get started「スタートする」

075 『…だって聞いたよ』
I just heard that ...

次は「…だと聞いたんだけど」「…だって聞いたよ」という言い方です。

A: I just heard that* Fran is going to have another baby!
（フランにまた赤ちゃんができたって聞いたわよ！）
B: That's a surprise!
（それはびっくりだね！）

言い換えフレーズ これも覚えたい！
- I just was told that Ben got a promotion.*
（さっき、ベンが昇進したって聞いたわ）
- I just got the news that the Beckers are moving.*
（ベッカーさんの家、引っ越しだって聞いたけど）
- Someone just told me that the shop is going to close.*
（あのお店閉店するって、人から聞いたんだけど）

解説 I just heard that ...「さっき…だと聞いた」 promotion「昇進」 move「引っ越す」 close「閉まる；閉店する」

Chapter 04 会話を始め、つなぐフレーズ

076 『信じられないかもしれないけれど…』
■■■□ **You might not believe this, but ...**

Unit 71 でも類似の表現を紹介しましたが、ここでは、「信じられないかもしれないけど…だって」と、ひとしきり自分の話を最後まで言ってしまうときの表現をチェックします。

🅐: You might not believe* this, but Bill is quitting.
　（信じられないかもしれないけれど、ビルが辞めちゃうんだって）
🅑: Seriously? Why?
　（ホント？ どうしてさ？）

言い換えフレーズ　これも覚えたい！

■□□□ You might have trouble believing* this, but Tina got engaged* last weekend!
　（信じるのは難しいかもしれませんが、ティナが先週末婚約したそうなんです）
■■■□ You're not going to believe this, but Tom won the lottery!*
　（信じないかもしれないけど、トムが宝くじに当たったんだってさ！）
■■■□ This sounds unbelievable,* but he pitched a no hitter!
　（信じられないけど、彼、パーフェクトゲームやったんだって！）
■■■■ This sounds crazy, but you look just like my father!
　（バカみたいな話だけど、あなた、私の父親にそっくりなのよ！）

解説　might not believe「信じないかもしれない」　have trouble -ing「…するのが難しい」
　　　　get engaged「婚約する」　lottery「宝くじ」　unbelievable「信じられない」

077 『これ、信じられないよ！』
■■■□ **I can't believe this!**

目の前の物事を見ながら、「これ、信じられないよね」「信じられない」などと言いながら、話を切り出すときもあります。

🅐: I can't believe* this!
　（これって信じられない！）
🅑: I know! It's amazing, right!
　（そうね！ ホントにすごいわ！）

言い換えフレーズ　これも覚えたい！

■■■□ I can't believe my eyes!
　（自分の目を疑っちゃうよ！）
■■□□ I can't believe I'm seeing this!
　（いまこれを見てるなんて信じられない！）
■■□□ I can't believe what I'm seeing!
　（見ているものが信じられない！）
■■□□ I can't believe what I'm hearing!*
　（聞こえたことが信じられない！）

解説　believe「信じる」　what I'm seeing「自分が見ているもの」
　　　　what I'm hearing「自分が聞いているもの」

Part 10 話を切り出すひとこと

078 『ちょっとこれを見てよ』
■■□□ **Would you take a look at this?**

自分の見ている物事を指し示しながら、「ちょっとこれ見て」と声をかけることもあります。

Ⓐ: Would you take a look at* this?
（ちょっとこれ見てみて）
Ⓑ: Sure, let's see.
（いいですよ。どれどれ）

言い換えフレーズ これも覚えたい！
■■□□ Would you have a look at* this?
（ちょっとこれを見てもらえますか？）
■■■□ Take a look!
（ちょっと見てよ！）
■■■□ Look at this!
（これ見てよ！）
■■■■ Check this out!*
（これ見て！）
■■■■ Look!
（見て！）

解説 take/have a look at … 「…を見る」 check … out 「…を調べる；見る；チェックする」

---

079 『話があります』
■■■□ **We need to talk.**

ここでは、「話があるんだ」「話ができますか？」と切り出すときの言い回しを見ていきましょう。

Ⓐ: Bill, we need to* talk.
（ビル、話があるの）
Ⓑ: Okay, what's on your mind?
（いいよ、どうしたんだい？）

言い換えフレーズ これも覚えたい！
■■■□ We need to talk about our vacation plans.*
（休暇の計画のことで話があるんだ）
■■■□ Let's talk.
（ちょっと話をしましょう）
■■□□ Can we talk?
（話せますか？）
■■□□ Have you got a minute* to talk about Becky's grades?
（ベッキーの成績のことでちょっと話せるかしら？）
■■□□ Can we take some time* to talk about my part time job?
（僕のパートの仕事についてちょっと話をする時間をもらえます？）

解説 need to … 「…する必要がある」 vacation plan「休暇のプラン」 get a minute「ちょっと時間がある」 take some time「ちょっと時間を取る」

Chapter 04　会話を始め、つなぐフレーズ

080　『ちょっと時間ある？』
■■■□ **Have you got a second?**

相手に時間があるかとたずねて、そのあとで話を切り出す場面も、日常生活ではよくあります。そういった表現も確認しておきましょう。

Ⓐ: Jill, have you got a second?*
　（ジル、ちょっと時間ある？）
Ⓑ: Sure, what's up?
　（ええ、どうしたの？）

言い換えフレーズ　これも覚えたい！

■■□□　Do you have a minute?*
　　　（お時間ありますか？）
■■□□　Do you have a little bit of time?*
　　　（ちょっとだけお時間ありますか？）
■■□□　Can I take a little of your time?
　　　（ちょっとお時間をいただけます？）
■■□□　Can I bother* you for a second/minute?
　　　（ちょっとお手間を取っていただけますか？）

解説　get a second = have a minute = have a little bit of time「ちょっと時間がある」　bother「煩わせる」

Part 11　あいづちを打つひとこと
Simple Phrases Amid Conversation
CD 1-11

081　『なんだい？』
■■■□ **What is it?**

ここからは、話しかけられたときの反応表現をチェックしていきましょう。まずは、「なに？」「なんだい？」「どうした？」などと返すときの言い回しです。

Ⓐ: Can we talk?
　（話せる？）
Ⓑ: Yeah. What is it?
　（うん、なんだい？）

言い換えフレーズ　これも覚えたい！

■■■■　What's up?*
　　　（どうしたの？）
■■■□　What's on your mind?*
　　　（なんだい？）
■■□□　What can I do for you?
　　　（どうしたの？）
■■□□　What do you need? *
　　　（なあに？）

Part 11 あいづちを打つひとこと

■■■□ What about?*
(なんの話？；なにについて？)

解説 What's up? →「どうしたの？」と言うときの決まり文句のひとつ。「調子はどう？」とあいさつするときにも使います。
on one's mind「…の頭の中に」 need「必要とする」
What about? → We need to talk. や Let's talk. などへの返事として。

---

082 『…の話かい？』
■■■□ **Is this about ...?**

だれかに話しかけられたときには、「…の話？」「…のこと？」などの疑問の言葉で聞き返す場合もあります。

Ⓐ: Is this about the new project?
(新プロジェクトの話かい？)
Ⓑ: Yes, I'm curious to hear how it's going.
(ええ、進捗状況に興味がありまして)

言い換えフレーズ これも覚えたい！
■■■□ It's about last night, isn't it?
(昨夜のことだよね？)
■■□□ Do you want to talk about Sarah?
(サラのことを話したいの？)
■■□□ Does it have to do with* Sarah's new boyfriend?
(サラの新しいボーイフレンドのこと？)
■■□□ What does it have to do with?
(なんに関しての話？)
■■□□ Is it about something I've done?*
(僕がしたなにかについてかい？)

解説 have to do with ...「…に関係がある」 something I've done「僕がやったなにか」

---

083 『続けて』
■■■□ **I'm listening.**

この Unit では、相手に話を続けるように促すときの言い回しを見ていきましょう。「聞いているよ」と表現することでも「話を続けて」と促すことができます。ただし、短いフレーズの場合、誤解のないように、相手の話に好感をもって明るい声で発話することも大切です。

Ⓐ: So, anyway, that's what I want to talk about.
(で、とにかくそれが私の話したいことなの)
Ⓑ: Okay, I'm listening.
(わかった、続けて)

Chapter 04　会話を始め、つなぐフレーズ

言い換えフレーズ これも覚えたい！
- ■■■□　I hear you.
  （続けて；聞いてるよ）
- ■■□□　Go on.*
  （続けてください）
- ■□□□　Please continue.*
  （どうぞ続けて）
- ■□□□　Please continue with what you were saying.*
  （お話を続けてください）

解説　go on「続ける」　continue「続ける」　what you were saying「あなたが言っていたこと」

084　『話はそれで全部なの？』
■■□□　**Is that everything?**

相手がひとしきり話をした直後などに、「で、話はそれで全部なの？」のように確認してあげるときの言い方です。

Ⓐ: So, that's how I feel, anyway.
　（で、とにかく、私はそう感じているのよ）
Ⓑ: Is that everything?*
　（それで話は全部かい？）

言い換えフレーズ これも覚えたい！
- ■□□□　Is that all you wanted to say?
  （それで話は全部終わりましたか？）
- ■■■□　Is that it?*
  （それで全部？）
- ■■■□　Are you finished?*
  （話は終わった？）
- ■■□□　Is there anything else?*
  （ほかには？）

解説　everything「全部」
Is that it? → 直訳は「それがそれですか？」となりますが、これで「それで全部ですか？」という意味。
be finished「終わる」　else「ほかに」

085　『わかるよ』
■■□□　**I see what you mean.**

「わかるよ」「うんうん」「言ってることはわかる」とあいづちを打つときの言い方をまとめましょう。

Ⓐ: So, I think things need to change.
　（だから、変化が必要なのよ）
Ⓑ: I see what you mean.
　（わかるよ）

Part 11 あいづちを打つひとこと

言い換えフレーズ これも覚えたい！

- ■■■□ I see.
  （わかるよ）
- ■■■□ I get* it.
  （わかるよ）
- ■■■■ Uh-huh* ...
  （うん；うんうん）
- ■■□□ I see your point.*
  （言いたいことはわかりますね）
- ■■□□ I'm following* you.
  （言ってることはわかるよ）
- ■□□□ I'd have to agree.*
  （そうでしょうね）

解説 get「理解する」
Uh-huh. → 発音は「アハー↗；ンフー↗」。
point「話の要点；言いたいこと」　follow「（話などに）ついていく」
I'd have to agree. → ていねいな同意。直訳は「私としては同意せざるを得ないでしょう」。

---

086 『ホントに？』
■■■□ **Really?**

相手の言葉に対して、「そうなの？」「ホント？」「確かなの？」と聞き返す感じのあいづちも覚えましょう。

Ⓐ: **I couldn't believe it, but it's true!**
（信じられないけど、ほんとうなのよ！）
Ⓑ: **Really?**
（ホントに？）

言い換えフレーズ これも覚えたい！

- ■■□□ Are you sure?*
  （確かなの？）
- ■■□□ Is that for sure?*
  （確かなこと？）
- ■■□□ How sure are you?
  （どれくらい確かなこと？）
- ■■□□ Are you totally* sure?
  （完全に確かなこと？）
- ■□□□ Is there any chance* you're wrong* about this?
  （あなたが間違っている可能性はないの？）

解説 sure「確かな」　for sure「確かな」　totally「完全に」　chance「可能性」　wrong「間違った」

Chapter 04 会話を始め、つなぐフレーズ

087 『驚きだね！』
■■■□ **Well, I'll be!**

86でチェックした確認のあいづちに、もう少し感情が加わり、くだけた言い方になったものをチェックしていきましょう。「ホントに？」ではなく、驚きのこもった「うわあ」「びっくり」「あり得ない」などの日本語に相当する表現です。

Ⓐ: **He comes from the same small town in New Zealand as me!**
（彼は、私と同じニュージーランドの小さな町の出身なんだって！）
Ⓑ: **Well, I'll be!***
（驚き！）

言い換えフレーズ これも覚えたい！

- ■■■□ Well, what a surprise!
（なんてびっくり！）
- ■■■□ Such a surprise!
（すごいびっくり！）
- ■■■□ That's surprising!
（驚きだね！）
- ■■■□ Is that so?
（そうなの？）
- ■■■□ How about that!*
（それはすごい！）
- ■■■■ Wow!
（へえ！；うわあ！）
- ■■■■ No way!
（あり得ない！）
- ■■■■ Well, what do you know!*
（へえ、そうなんだ！）
- ■■■■ Oh, my goodness!*
（なんてことだ！；すごくびっくり）
- ■■■■ Oh, my Gosh!*
（なんてことだ！；すごくびっくり）

解説 Well, I'll be! → Well, I'll be damned! を避けて短く表現したもの。
How about that! →「それってどうなのさ！」が直訳。
Well, what do you know! →「君はなにを知ってるのさ！」が直訳。
goodness/Gosh → 神の名である God を避けて別の語で表現したもの。

088 『それは残念だね』
■■□□ **That's too bad.**

相手の話の内容に共感を示しながら「残念だね」と言うときのあいづちをチェックしましょう。

Ⓐ: **It looks like the cafe on the next block is going to close.**
（隣の区画のカフェが閉まる予定らしいよ）
Ⓑ: **That's too bad.* I like that place.**
（それは残念だね。あそこ好きなのに）

Part 11 あいづちを打つひとこと

言い換えフレーズ これも覚えたい！

- ■□□□ That's unfortunate.*
  (残念なことですね)
- ■■□□ I'm sorry to hear that.
  (残念ですね)
- ■■■□ That's a bad break.*
  (ついてないねー)
- ■■■■ That's a bummer!*
  (最悪だね！)
- ■■■■ What a bummer!
  (超最悪だね！)

解説 too bad「あまりにも悪い」 unfortunate「運のない」 bad break「悪い運」
bummer「がっかりすること；いやなこと」

---

089 『すばらしい！』
■■■□ **That's great!**

相手の言葉に対して、「すばらしい」「よかったね」とポジティヴに共感するときの言い方をチェックします。Unit 88 と反対の状況で使いましょう。

Ⓐ: Tina got the job she interviewed for!
(ティナが面接を受けてた仕事に就けたって！)
Ⓑ: That's great!* She must be so pleased!
(すばらしいわ！きっとうれしいでしょうね！)

言い換えフレーズ これも覚えたい！

- ■■■□ That's terrific!*
  (すばらしい！)
- ■■■□ That's fantastic!*
  (すばらしい！)
- ■■□□ I'm so glad to hear that!
  (それはよかった！)
- ■■□□ Glad to hear it!
  (それはよかった！)
- ■□□□ That's such good news!
  (いい知らせですね！)
- ■■□□ How wonderful!*
  (すばらしいわ！)
- ■□□□ How fortunate!*
  (なんて幸運な！)

解説 great = terrific = fantastic = wonderful「すばらしい」 fortunate「幸運な；運などに恵まれた」

Chapter 04 会話を始め、つなぐフレーズ

090 『かもしれないね』
■■□ **It's possible.**

相手の話に「かもしれないね」「あり得るね」と可能性を示しながらコメントするあいづちです。

A: Do you think it will be cheaper if we all take a taxi together?
(みんなでいっしょにタクシーに乗ったほうが安上がりだと思う?)
B: It's possible. There are four of us, and it's not far.
(あり得るよね。4人いるし、遠くはないからね)

言い換えフレーズ これも覚えたい!

- ■■■□ Maybe.*
  (たぶんね)
- ■■■□ Perhaps.*
  (おそらくね)
- ■■■□ Seems reasonable.*
  (あり得そうだね)
- ■■□□ I wouldn't be surprised.*
  (そうかもしれないね)
- ■■□□ It wouldn't surprise me.
  (そうかもしれないね)

解説 maybe = perhaps「かもしれない;おそらく」 reasonable「理にかなった」
I wouldn't be surprised. →「そうだったとしても、驚きはしない」が直訳。

---

091 『どうかなあ…』
■■■□ **I wonder …**

相手の言葉を聞いて、自分では判断できないとき、どうだかわからないとき、決めかねているときのあいづちもチェックしましょう。

A: Do you think we should tell the boss our idea?
(上司に私たちのアイデアを話すべきだと思う?)
B: I wonder …. Maybe we should work on it some more.
(どうかなあ…。たぶん、もうちょっと検討すべきじゃないかな)

言い換えフレーズ これも覚えたい!

- ■■■□ Hmmmm …
  (うーん…)
- ■■□□ I'm not so sure* …
  (どうかなあ…)

解説 be not sure「定かではない;わからない」

Part 12　会話の間に入れるひとこと

092 『違うと思うな』
■■■□ I doubt it.

相手の言葉を聞いて、自分では信じられない、違うと思う、といった場面でのあいづちです。

Ⓐ: It seems a little strange to me. How about you?
　　(私にはちょっと変に思えるけど、どう思う？)
Ⓑ: Me too. I doubt* it.
　　(僕もだね。違うと思うな)

言い換えフレーズ　これも覚えたい！

- ■■■□ I don't think so.
　　(そうは思わないな)
- ■■□□ I really doubt that.
　　(そうじゃないと思うな)
- ■■□□ I have a hard time believing* that.
　　(信じがたいね)
- ■■□□ (It) Doesn't seem very likely* to me.
　　(ありそうにないと思うけど)
- ■□□□ I have my doubts* about that.
　　(疑わしいね；信じがたいね)

解説　doubt「疑う」　have a hard time believing「信じるのが困難だ」　seem likely「ありそうに見える」
have one's doubt「疑う；疑念をもつ」

Part 12　会話の間に入れるひとこと
Pausing and Keeping a Conversation Going

093 『えーと』
■■■■ Well, ...

会話にひと呼吸おいたり、会話の間を空けたり、会話に割り込んだりするフレーズは、上手な会話の流れをつくる上でとても重要です。まずは、会話にちょっとしたポーズを置くフレーズから。

Ⓐ: So, how did you come to start working here?
　　(で、どうやってここで働き始めたんですか？)
Ⓑ: Well, it's a long story ...
　　(ええと、それは長い話になるんですけどね…)

言い換えフレーズ　これも覚えたい！

- ■■■■ Um,* ...
　　(うーん)
- ■■■■ You see, ...
　　(わかりますよね)
- ■■■■ It's like this ...
　　(こうなんですけどね)

解説　Um, ... → ちょっと言葉に詰まったときに出るひとこと。

Chapter 04 会話を始め、つなぐフレーズ

094 『ちょっと待って』
Wait a second.

考えをまとめたりする場面、あるいは言葉が出てこない場面などで、ちょっと時間が欲しいと相手に伝えたいときもあります。

A: What's his telephone number again?
 (彼の電話番号、何番だっけ？)
B: Wait a second* .... I'm thinking.
 (ちょっと待って…考えてるから)

言い換えフレーズ　これも覚えたい！

- Wait a minute.*
 (ちょっと待って)
- Give me a second/minute.
 (ちょっと待って)
- Hang on* a second/minute.
 (ちょっと待って)
- Hold on* a second/minute.
 (ちょっと待って)
- Hang on.
 (待ってよ)
- Hold on.
 (待ってよ)

解説 a second/minute「ちょっと（の時間）」　hang on = hold on「待つ」

095 『どう言えばいいかなあ？』
How can I put it?

話の途中で、どう言えばいいかちょっと迷ったときに、無言で黙っていると誤解を招きかねません。間をつなぐ言葉を覚えましょう。

A: So, what's Pam's boyfriend like?
 (で、パムのボーイフレンドってどんな人？)
B: How can I put* it? He's ... a little cocky.
 (どう言えばいいかなあ？ 彼はね…ちょっとうぬぼれた感じかなあ)

言い換えフレーズ　これも覚えたい！

- How shall I say ...?
 (どう言いましょうね？)
- What's the best way* to put it?
 (どう表現するのがベストでしょうね？)
- Let me* put it this way ...
 (こういうふうに言えばいいですかね…)
- I'm not sure* how to put it.
 (どう言えばいいかわかりませんが)

- ■■□□ I'm not sure the best way to say it.
  （いちばんいい言い方がわかりませんが）

  解説 put「言う」 the best way「最良の方法」 Let me ...「私に…させてください」
  I'm not sure ...「…がわからない」

096 『ここまで出かかってるんですが』
■■□□ It's on the tip of my tongue.

言いたいことをど忘れしているときに、「ここまで出かかってるんですが」「出てきそうなんです」と言葉をつなぐ表現も覚えておきましょう。

Ⓐ: Oh, wait! It's on the tip of my tongue!*
　（ちょっと待って！ ここまで出かかってるんですよ！）
Ⓑ: Sure, take your time.
　（どうぞ、ごゆっくり）

言い換えフレーズ　これも覚えたい！

- ■■■□ It's coming to* me.
  （思い出しそう）
- ■■■□ I can't think of his name.
  （あの人の名前がわからない）
- ■■■□ I just forgot her name.
  （彼女の名前ど忘れしちゃった）
- ■■□□ I can't think of the word I want to use.
  （言いたい言葉が出てこないんですよ）

解説 be on the tip of one's tongue「ここまで出かかってる」→ 直訳は「下の先っちょにある」。
come to ...「…のところに来る；到達する」

097 『割り込んですみませんが…』
■■□□ I hate to interrupt, but ...

相手が話している途中で、会話に割り込みたいときには、このUnitの表現を覚えておくと便利です。

Ⓐ: I hate to* interrupt, but* I need to say something.
　（割り込んですみませんが、ちょっと言いたいことがあって）
Ⓑ: Sure, go ahead.
　（どうぞ）

言い換えフレーズ　これも覚えたい！

- ■■□□ Sorry to* interrupt, ...
  （割り込んですみません…）
- ■■■□ I need to just jump in.*
  （ちょっと割り込ませてください）
- ■■□□ Let me just interrupt you for a second.
  （ちょっとだけ割り込ませてください）

Chapter 04 会話を始め、つなぐフレーズ

■■□□ **Before I forget, can I say something?***
（忘れそうなので、ちょっとひとこといいですか？）

【解説】I hate to ..., but ...「…したくないのですが…」 Sorry to ...「…してすみません」
jump in「（話などに）割り込む」 say something「ちょっとひとこと言う」

098 『最後まで言わせてよ』
■■■□ **Let me finish.**

Unit 97 のような表現でだれかが自分の話の途中に割り込んだときに、「最後まで言わせてよ」「話に割り込まないでよ」と伝える言い方をチェックしましょう。

A: Oh, hey! I just thought of something!
（そうだ、ねえ、思いついたんだけどさ！）
B: Let me finish.*
（最後まで言わせてよ）

【言い換えフレーズ これも覚えたい！】

■■■□ Let me just finish.
（とにかく最後まで言わせて）
■■■□ Can I finish?
（最後まで話していいかな？）
■■■□ I'm not done talking* yet.
（まだ話し終わってないよ）
■■■■ Can you wait* till I finish?
（終わるまで待てないの？）
■■■■ Don't interrupt!*
（邪魔しないでよ！）

【解説】let ... finish「…に最後まで言わせる」 be done talking「話し終える」 wait「待つ」
interrupt「邪魔する」

099 『ちょっと失礼いたします』
■□□□ **Excuse me for a minute.**

会話の最中に、ちょっと外さなければならない用件ができたときなどには、この Unit の表現を使って中座を申し出ましょう。

A: Excuse me* for a minute.
（ちょっと失礼いたします）
B: You need to take that call? Sure, go ahead.
（お電話ですね？ どうぞ出てください）

【言い換えフレーズ これも覚えたい！】

■□□□ Excuse me for a second.
（少々失礼します）

- ■■□□ I'll be right back.*
  （すぐに戻りますので）
- ■■□□ Let me just step out* for a second/minute.
  （ちょっと外させてください）
- ■■□□ I'll only be gone* a second/minute.
  （ちょっとだけ外しますね）
- ■■■□ I'll be back* before you know I'm gone!
  （すぐに戻りますよ！）
- ■■■■ I'll be back in a flash!*
  （速攻で戻ります！）

解説 excuse me「失礼します；すみません」 be right back「すぐに戻る」 step out「外す；外へ出る」 be gone「出る；外す」 be back「戻る」 in a flash「すぐに」

---

100 『またあとで話しましょう』
■■□□ Let's continue this conversation later.

時間の関係などで、会話を中断して先送りにしなければならない状況もよくありますね。そんな場面での会話表現を身につけましょう。

Ⓐ: Let's continue* this conversation* later.
（この話はまたあとで続けましょう）
Ⓑ: Sure. It's gotten late, hasn't it?
（そうですね。遅くなってますよね）

言い換えフレーズ これも覚えたい！
- ■■■□ Let's pick this up* later.
  （またあとで話しましょう）
- ■■□□ Let's pick up where we left off,* next time.
  （次の機会に話の続きをしましょう）
- ■■□□ Let's talk more about this later.
  （この件は、あとでもうちょっと話をしましょう）

解説 continue「続ける」 conversation「会話」 pick up「話を再開する」 where we left off「（話が）終わったところ」

Chapter 05

好悪と興味の英会話フレーズ

Part 13　好悪や興味をたずねるフレーズ

Part 13　好悪や興味をたずねるフレーズ
Asking about Likes and Interests
CD 1-13

101　『…は好きですか？』
■■■□ **Do you like ...?**

ここからは、好悪の気持ちを表現する言い方を学習します。まずは、相手の好みをたずねる基本フレーズを、ざっとチェックしてみましょう。

A: Do you like modern art?
　（現代アートは好きですか？）
B: Not that much. I hate paintings that don't look like anything!
　（それほどでもないですね。なんだかわからない絵は嫌いなんですよ）

言い換えフレーズ　これも覚えたい！

■■■□　Do you like traveling* to foreign countries?
　　　（海外旅行は好きですか？）
■■■□　Are you a fan of* Japanese movies?
　　　（日本映画のファンですか？）
■■■■　Are you into* hip hop?
　　　（ヒップホップに夢中なの？）

解説　like -ing「…することが好き」　a fan of …「…のファン」　be into …「…に夢中だ」

102　『…はどう思う？』
■■□□ **How do you feel about ...?**

好悪をたずねるときには、「…についてはどう思う？」のようなたずね方も可能です。代表格は、この How do you feel about ...?（…についてはどう感じてる？）という言い方ですね。

A: How do you feel about* Japanese anime?
　（日本のアニメはどう？）
B: I'm a big fan! I think it's great!
　（大ファンよ！最高よね！）

言い換えフレーズ　これも覚えたい！

■■□□　What do you think about* his latest* book?
　　　（彼の新刊のこと、どう思う？）
■■□□　What do you think of* his latest book?
　　　（彼の新刊についてどう思う？）

解説　feel about …「…について感じる」　think about/of …「…について思う」　latest「最新の」

Chapter 05 好悪と興味の英会話フレーズ

103 『…が大好きでしょう？』
■■■□ I'll bet you loved …!

相手がきっとなにかを気に入っているに違いない、と想像しながら言葉にする言い回しです。「あなた、ぜったい…が好きでしょ」といったひとことをチェックしましょう。

Ⓐ: I'll bet* you loved "Avatar"!
　（あなたって、『アバター』大好きでしょ！）
Ⓑ: I sure did! It's my favorite movie ever!
　（もちろん！　いままででいちばん好きな映画だよ！）

言い換えフレーズ　これも覚えたい！

■■■□　I bet you love his new movie!
　　　（彼の新作映画気に入ってるでしょ！）
■■■□　Don't you just* love "Avatar"?
　　　（あなた、『アバター』が大好きじゃない？）
■■■□　You're probably* crazy about* anime, I'll bet!
　　　（きっとアニメ大好きなんでしょ！）
■■■□　You're probably crazy about this restaurant, right?
　　　（このレストラン、大好きなんじゃない？）
■■■□　You're probably wild about* Chicago pizza, I bet!
　　　（シカゴスタイルのピザが大好きなんじゃないかと思うな！）

解説　I'll bet …「きっと…だろう」　just → 強調。　probably「おそらく；たぶん」
　　　be crazy/wild about …「…が大好きだ；大のお気に入りだ」

104 『なにに興味がありますか？』
■□□□ What kinds of things interest you?

相手の興味を聞き出したいときに使うフレーズにもいろいろなバリエーションがあります。interest（興味；関心）がキーワードですね。

Ⓐ: What kinds of* things interest* you?
　（どんなことに興味があるのですか？）
Ⓑ: Me? I'm interested in anything that involves the outdoors!
　（私ですか？　アウトドア関連のことならなんでも興味ありますよ！）

言い換えフレーズ　これも覚えたい！

■□□□　What sort of things are you interested in?
　　　（どんなことに興味がありますか？）
■□□□　Tell me about your interests.
　　　（あなたの関心事について聞かせてください）
■■□□　What interests you?
　　　（なにに興味があります？）
■■□□　What are your interests?
　　　（なにに興味がありますか？）
■■□□　Do you have any hobbies?*
　　　（なにか趣味はありますか？）

Part 13　好悪や興味をたずねるフレーズ

■■□□　What kinds of things do you enjoy?
　　（どんなことを楽しんでますか？）
■■■□　What are you into?*
　　（なにに夢中になっていますか？）

解説　what kinds of ...「どんな（種類の）…」　interest「興味を引く」　hobby「趣味」
　　　into ...「…に夢中で；打ち込んで；熱中して」

105　『休日はどうしてますか？』
■■□□　**How do you spend your days off?**

相手が休日や暇なときになにをしているかをたずねることでも、相手の趣味や嗜好を知ることができますね。

Ⓐ: How do you spend* your days off?*
　　（休日はどう過ごしてますか？）
Ⓑ: I mostly stay at home and catch up on chores.
　　（たいていは家で家事を片づけてます）

言い換えフレーズ　これも覚えたい！

■■□□　How do you spend your time off?*
　　（仕事がないときはどうしてます？）
■■□□　How do you spend your free time?*
　　（暇なときにはどうしてます？）
■■□□　What do you do in your spare time?*
　　（暇なときはなにをしてますか？）

解説　spend「時間を費やす；過ごす」　day off「休みの日」　time off「オフの時間」
　　　free time「暇な時間；自由な時間」　spare time「暇な時間；空いている時間」

106　『…と…では、どっちが好き？』
■■□□　**Which do you prefer, ... or ...?**

好き嫌いをたずねる場面では、「このふたつのうち、どちらのほうがより気に入っていますか？」といった聞き方をすることもあります。

Ⓐ: Which do you prefer, British rock or American rock?
　　（英国とアメリカのロックでは、どっちが好きですか？）
Ⓑ: Hmm ... that's tough, but I have to go with British rock.
　　（うーん、難しいですが、ブリティッシュになりますかね）

言い換えフレーズ　これも覚えたい！

■■□□　Which do you like better,* baseball or soccer?
　　（野球とサッカーでは、どちらが好きですか？）
■■□□　Of the two,* which do you prefer?*
　　（そのふたつなら、どっちが好きですか？）

Chapter 05 好悪と興味の英会話フレーズ

- ■□□ Of baseball or soccer, which do you prefer?
  (野球とサッカーでは、どっちがお好みですか？)
- ■□□ Do you have a preference* for al fresco* or indoor* dining?
  (野外と屋内の食事では、どちらがお好みですか？)

解説 like better「…のほうが好き」 of the two「2者のうちで」 prefer …「…のほうをより好む」
preference「より好きなもの；ひいき」 al fresco「野外の」 indoor「屋内の」

---

107 『…のタイプ、それとも…？』
■■□□ **Are you more a ... person or a ... person?**

相手に対して、「あなたはどちらかと言うと、…なタイプ？ それとも…なタイプ？」とたずねて、好みや興味を引き出そうとする言い方もあります。

Ⓐ: Are you more a coffee person* or a tea person?
(あなたーコーヒー党？ それとも紅茶党？)
Ⓑ: Oh, definitely a coffee person!
(ああ、絶対にコーヒー党ですよ！)

言い換えフレーズ これも覚えたい！

- ■■□□ Are you partial* to hot weather or cold weather?
  (暑い気候が好き？ それとも寒いほう？)

解説 more a ... person「…寄りの人；…のほうがより好きな人；…派の人；…党の人」
partial「…のほうを好んで；…を偏愛して」

Part 14 好悪や興味を答えるフレーズ
Expressing Likes and Interests
CD 1-14

108 『…に興味があります』
■■□□ **I'm interested in ....**

ここからは、自分の興味や関心、好悪を表現するフレーズを扱っていきます。まず最初は、自分の興味を伝える言い回しをチェックしましょう。

Ⓐ: I'm interested in* Chinese history.
(中国史に興味があるんです)
Ⓑ: Really? I guess I've never thought much about it.
(へえ？ あまり考えたこともなかったかも)

言い換えフレーズ これも覚えたい！

- ■■□□ I have an interest in Greek Mythology.*
  (ギリシャ神話に興味があるんです)
- ■■□□ I'm fascinated by* Russian literature.*
  (ロシア文学に強い関心があります)
- ■■□□ Studying various religions* interests me.
  (さまざまな宗教を学ぶことに興味があります)

解説 be interested in ...「…に興味がある」 mythology「神話」
be fascinated by ...「…に強い関心がある」 Russian literature「ロシア文学」 religion「宗教」

109 『…が大好きです』
■■■■ I'm crazy about ...!

「…が大好き」という言い方はほんとうにたくさんありますが、シンプルな表現が多いため、覚えるのはそれほど難しくありません。

Ⓐ: I'm crazy about* Lady Gala!
　（レディー・ガラが大好き！）
Ⓑ: You're kidding! Personally, I can't stand her!
　（冗談でしょ！ 私は、あの人、我慢できないわ！）

言い換えフレーズ これも覚えたい！

■■■■ I go crazy for* Italian gelato!
　（イタリアン・ジェラートが大好き！）
■■■■ I'm wild about* scary movies!
　（恐怖映画が超好きなの！）
■■■■ I'm big time into* yoga and meditation!
　（ヨガと瞑想に、ものすごくハマってるの！）
■■■□ I'm really into* water sports!
　（マリンスポーツにハマってるの！）
■■■□ I'm a big fan of* kabuki!
　（歌舞伎の大ファンなの！）
■■□□ I'm quite fond of* mystery novels.
　（ミステリー小説が大好きです）
■■□□ I'm partial to* black and white movies.
　（昔のモノクロ映画に目がないんですよ）

解説 be crazy/wild about ...「…が大好きだ」 go crazy for ...「…が大好きだ」
be big time into ...「…が大好きだ；打ち込んでいる」
be really into ...「…がほんとうに好きだ；打ち込んでいる」 be a big fan of ...「…の大ファンだ」
be fond of ...「…が気に入っている」 be partial to ...「…に目がない」

110 『大好きなことは…です』
■■■■ My big thing is ...!

Unit 109と同様に大好きなこと、大好きな趣味などを語る言い回しのバリエーションをもう少し紹介しておきます。

Ⓐ: My big thing* is blogging and photography!
　（私が大好きなことは、ブログと写真なの！）
Ⓑ: Oh, you have to show me your blog!
　（へえ、ブログを見せてよ！）

Chapter 05　好悪と興味の英会話フレーズ

言い換えフレーズ　これも覚えたい！

■■□□　My main interest* is in ecology* and the outdoors.
　　　　（私のおもな関心事は、エコロジーとアウトドアです）
■□□□　My favorite pastime* is painting watercolors.
　　　　（お気に入りの余暇の過ごし方は、水彩画を描くことです）

解説　big thing「大好きなこと；大事なこと」　main interest「おもな関心」　ecology「エコロジー」
　　　　pastime「気晴らし；娯楽」

111　『…は最高だよ！』
■■■□　**You can't beat ...!**

好きなことをたずねられたときのバリエーションをもう少々。「…に勝るものはないよ」といった類型の表現をまとめましょう。

Ⓐ: If you ask me,* you can't beat* a beach barbecue!
　　（そうだねえ。ビーチのバーベキューは最高だよね！）
Ⓑ: I totally agree!
　　（ホントそうだよね！）

言い換えフレーズ　これも覚えたい！

■■■□　You can't top* soba for a late meal!
　　　　（夜食のお蕎麦は最高だね）
■■□□　There's nothing I like better than* a salad straight from the garden!
　　　　（庭で採れたばかりのサラダほど大好きなものはありません）

解説　If you ask me, …「私に言わせれば…」　you can't beat …「…に勝るものはない；…が最高だ」
　　　　you can't top …「…に勝るものはない；…は最高だ」
　　　　There's nothing I like better than …「…ほどいいものはない」

112　『最近…を始めました』
■■□□　**Recently I've taken up ....**

好きなことや趣味を聞かれたときの返事としては、「最近…を始めたんです」という答えもあります。

Ⓐ: Recently I've taken up* the piano.
　　（最近ピアノを始めたんですよ）
Ⓑ: Have you? That sounds wonderful!
　　（そうなんですか？ それはすばらしい！）

言い換えフレーズ　これも覚えたい！

■■□□　I've started learning to play the cello.
　　　　（チェロの弾き方を学び始めました）
■■□□　I've begun taking ikebana lessons.
　　　　（生け花のレッスンを受け始めました）
■■□□　I've started going to the pool three times a week.*
　　　　（週に3回のプール通いを始めました）

■■□□ I've recently* joined a group that goes hiking on weekends.*
（週末にハイキングに行くグループに、最近参加したんです）

解説 take up ...「…を始める」 three times a week「週に３回」 recently「最近」 on weekends「週末に」

113 『…のときからずっと…してます』
■■□□ **I've been ... since I was ....**

興味をたずねられたときには、長い間続けている趣味に言及する場合もありますね。「ずっと…しているんですよ」「ずっと好きなんです」といったパターンの表現をチェックしましょう。

Ⓐ: I've been playing* piano since* I was five.
（5歳のときからずっとピアノを弾いているんです）
Ⓑ: Wow, then you must be really good!
（へえ、じゃあ、すごく上手なんでしょうね！）

言い換えフレーズ これも覚えたい！
■■■□ I've been crazy about the outdoors my whole life.*
（生涯ずっと、アウトドアが大好きなんです）
■■□□ I've loved reading ever since I was little.*
（小さな頃から読書が好きです）
■■□□ As far back as I can remember,* I have loved to sing.
（記憶にある限りずっと、歌うのが好きなんです）
■■□□ Ever since I was a child, I've loved horses.
（子供の頃から、馬が大好きです）

解説 have been -ing「ずっと…している」 since ...「…のとき以来」 my whole life「生涯ずっと」 little「小さい」 As far back as I can remember, ...「記憶のある限りでは…」

114 『…よりも…のほうが好きだ』
■■□□ **I'm more of a ... person than a ... person.**

どちらが好きなのかたずねられたときには、「どちらかと言えば…のほうだ」「どっちかと言えば…党ですね」といった返事をしましょう。

Ⓐ: I'm more of a dog person* than a cat person.
（僕は、猫好きというよりは犬好きです）
Ⓑ: Me too! I love dogs!
（私もですよ！犬が大好きなんです！）

言い換えフレーズ これも覚えたい！
■■□□ I like Italian food better* than French food.
（フランス料理よりもイタリアンのほうが好きです）
■■■□ I like Japanese beer much better than American beer!
（アメリカのビールより日本のビールのほうがずっと好き！）
■■□□ I prefer Chinese food over* Japanese food.
（和食よりも中華のほうを好みます）

Chapter 05　好悪と興味の英会話フレーズ

- ■■□□ I prefer Korean food to* Vietnamese food.
  （ベトナム料理よりも韓国料理のほうが好きです）
- ■■□□ I much prefer Mozart to Beethoven.
  （ベートーベンよりモーツァルトのほうがずっと好きです）
- ■□□□ I FAR prefer this hair salon to the place I used to go!
  （以前のところより、いまの美容院のほうがはるかに好きです）
- ■■□□ I strongly prefer wine to beer.
  （ビールよりワインのほうを強く好みます）
- ■■□□ I'd rather* be outside than stay indoors.
  （家の中にいるよりは、外にいたいほうです）

解説　more of a ... person「…寄りの人物；…のほうを好む人；…派［党］の人」
like ... better「…のほうが好き」　prefer ... over/to ...「…よりも…のほうを好む」
I'd rather ...「…するほうが好き」

115　『そのふたつなら…のほうを選びます』
■■□□ **Of the two, I'd take ....**

2者択一の質問への答え方をもうちょっと身につけましょう。「私なら…のほうを選ぶわ」といった言い方です。

Ⓐ: Of the two,* I'd take* dancing over* going to a movie.
　（そのふたつなら、映画よりも踊りにいくほうを選ぶわ）
Ⓑ: I'm the opposite. I don't like to dance.
　（僕は逆。ダンスが好きじゃないんだ）

言い換えフレーズ　これも覚えたい！
- ■□□□ Given a choice,* I'll take* love stories over comedies.
  （選ぶのなら、コメディーよりもラブストーリーを取ります）
- ■■■□ I'll take snowboarding over skiing every time!
  （絶対にスキーよりもスノボだよ！）
- ■■□□ I'll take skiing over snowboarding every day of the week!
  （いつだってスノボよりもスキーだよ！）
- ■■■■ Bowling gets my vote!*
  （ボーリングのほうがいい！）

解説　Of the two, ...「ふたつのうちならば…」　I'd take ...「私なら…を選ぶ」　over ...「…よりも」
Given a choice, ...「選択肢があるなら…」　I'll take ...「私は…を選ぶ」
get one's vote「…の票を得る」

116 『少ししか興味がありません』
■■■□ I'm only a little interested in that.

なにかに関する興味をたずねられて、「少ししか興味がない」「少しだけ興味がある」と言いたいときには次のような言い方で答えてみましょう。

Ⓐ: Have you studied anything about the country's history?
(その国の歴史についてなにか勉強したことはある？)
Ⓑ: No, I'm only a little* interested in that.
(いいえ、少ししか興味がなくて)

言い換えフレーズ これも覚えたい！
- ■■□□ I have a slight* interest in learning Russian.
  (ロシア語の勉強にはわずかしか興味がありません)
- ■■□□ I'm slightly interested in going to hear his speech.
  (彼のスピーチを聴きにいくことにはわずかな興味しかありません)

解説 only a little「ほんのちょっとだけ」 slight「わずかな；かすかな」

Part 15 好きじゃない、興味がないとき
Expressing Dislikes and Lack of Interest
CD 1-15

117 『…は（それほど）好きじゃない』
■■□□ I don't really enjoy ….

ここからは、好みを聞かれたときのネガティヴな返事を見ていきましょう。まずはじめは、「あまり好きではない」「好きじゃない」という意味のフレーズです。

Ⓐ: I don't really* enjoy competitive sports.
(競技スポーツはあまり好きじゃないんだ)
Ⓑ: Oh? So do you like individual sports like cycling or swimming?
(そうなの？じゃあ、サイクリングや水泳みたいな個人のスポーツがいいの？)

言い換えフレーズ これも覚えたい！
- ■■□□ I don't much* care for her voice.
  (彼女の声はあまり好きではないんです)
- ■■■□ I'm not much into* board games.
  (ボードゲームにはあまり興味ないんです)
- ■■■□ I can't get into* mysteries or romance novels.
  (ミステリーとかロマンスには夢中になれません)
- ■■■□ Karaoke is not my thing.*
  (カラオケは私の趣味じゃないんです)
- ■■□□ I'm not interested in going to museums.
  (美術館に行くことには興味がないんです)
- ■■□□ His novels just don't do anything* for me.
  (彼の小説には興味がわきません)

Chapter 05 好悪と興味の英会話フレーズ

■■■□ **I don't like camping.**
（キャンプは好きじゃありません）

解説 not really ...「それほど…ではない」 not much ...「あまり…ではない」 be into ...「…に夢中だ」 get into ...「…に夢中になる」 be not my thing「私の趣味ではない」 not do anything「興味がわかない」

118 『実は、…はあまり好きじゃない』
■■□□ Actually, I'm not all that much into ...

「あまり好きではない」といったコメントをするときには、前置きに、Actually, ...（実は…）、To tell the truth, ...（実を言うと）などの前置きのフレーズをよく使います。

Ⓐ: **Actually,* I'm not all that much into music.**
（実は、音楽はそれほど好きじゃないんです）
Ⓑ: **Really? I can't live without my iPod!**
（そうなの？ 僕は iPod なしでは生きていけないよ！）

言い換えフレーズ これも覚えたい！

■■□□ **Actually, I don't have much interest in literature.**
（実は、文学にはあまり興味がないんです）
■■□□ **To tell the truth,* I'm not into watching sports on TV.**
（正直なところ、テレビでのスポーツ観戦は好きじゃないんです）
■■■□ **Frankly,* I can live without* baseball.**
（正直、野球がなくても生きていけますね）

解説 Actually, ...「実は…」 To tell the truth, ...「正直なところ…」 Frankly, ...「正直…」 can live without ...「…なしでも生きていける；…には興味がない」

119 『…には我慢できない！』
■■■□ I can't stand ...!

なにかが「嫌いだ」「我慢できない」と言いたいときの言い回しにもいろいろなものがあります。

Ⓐ: **I can't stand* trance music!**
（トランスミュージックには我慢できないんだ！）
Ⓑ: **Me neither! It's so repetitive!**
（私も！ 音の繰り返しが多すぎるのよね！）

言い換えフレーズ これも覚えたい！

■■■□ **I'm not interested in his novels at all!**
（彼の小説にはまったく関心がない！）
■■■□ **There's nothing I like less!***
（それ以上嫌いなものはないよ！）
■■■□ **There's nothing I like less than watching golf!**
（ゴルフ観戦よりも嫌いなものなんてないね！）

Part 15　好きじゃない、興味がないとき

解説　stand「我慢する；耐える」
There's nothing I like less! →「より小さく好きなものなどなにもない」が直訳。要するにいちばん嫌いなものだという意味。

120　『…は大嫌い！』
■■■■ I hate …!

前の Unit よりもさらに強く嫌いな気持ちを表現するフレーズです。インパクトが強すぎるので、日常会話で自分から使うのはとりあえず控えたほうがいいかもしれませんね。

🅐: I hate* seafood!
　　（魚介類は大嫌い！）
🅑: Uh oh! You'll have a hard time in Japan!
　　（そりゃダメだよ！ 日本では大変な目にあうよ！）

言い換えフレーズ　これも覚えたい！
■■■■　I really hate his novels!
　　　（彼の小説ホントに大嫌い！）
■■■■　I loathe slasher* movies!
　　　（流血の多い映画は大嫌い！）
■■■■　If there's one thing I detest,* it's cheap wine!
　　　（僕が嫌悪してるものがあるとしたら、それは安いワインだよ！）
■■■■　To me, abstract art* is like the worst* thing in the world!
　　　（僕とっては、抽象芸術なんて世界中で最悪のものだよ！）

解説　hate「嫌う」　slasher「流血の」　detest「嫌悪する」　abstract art「抽象芸術」　worst「最悪の」

Chapter 06

乗り気や関心の英会話フレーズ

Part 16 相手の乗り気をたずねるフレーズ
Checking Another's Enthusiasm Level

121 『…するのに興味はある？』
■■□□ **Are you interested in ...?**

ここからは、なにかへの参加に関しての、相手の興味をたずねる言い方をチェックしていきましょう。Part 13とは違って、これからやることなどへの相手の乗り気をたずねる言い回しです。

Ⓐ: Are you interested in going?
（君は行ってみたい？）
Ⓑ: Yeah, it sounds really fun!
（ええ、すごく楽しそう！）

言い換えフレーズ これも覚えたい！

■■□□ Are you interested in joining?
（参加してみたいですか？）
■■□□ Are you interested?
（興味はある？）
■■■□ Care to* join?
（参加したい？）
■■■□ Are you up for* it?
（興味ある？）
■□□□ Would you be interested in going?
（行くことに興味はありますか？）
■□□□ Would you like to go with me this weekend?
（この週末いっしょに出かけたいですか？）
■□□□ Would you care to join us?
（参加することに興味ありますか？）

解説 care to ...「…したい」 be up for ...「…に乗り気の」

---

122 『それには興味がわきますか？』
■□□□ **Does it sound like something you'd be interested in?**

itを主語にした疑問文で、相手の興味を確認するフレーズも見ておきましょう。ここでのitはすでに相手に知らせた物事を指しています。

Ⓐ: Does it sound like something you'd be interested in?
（興味がわく感じですか？）
Ⓑ: Yes, it does, in fact!
（ええ、興味がわきますね！）

言い換えフレーズ これも覚えたい！

■□□□ Does it pique your interest?*
（興味をそそられますか？）

Chapter 06 乗り気や関心の英会話フレーズ

■■■□ Does it seem like your kind of thing?*
（それって、あなたの好きなことかなあ？）
■■■■ Does it seem like it would be up your alley?*
（それ、興味がわいてくるように思う？）

解説 pique someone's interest「…の興味をそそる」
someone's kind of thing「…の気に入るような物事」 up someone's alley「…の関心のある」

123 『…するのはどう？』
■■■□ Why don't we ...?

相手の乗り気をたずねるときには、「…するのはどう？」とシンプルにたずねてもいいですね。Why don't we ...? や How about ...? はやさしい構文ですが、まとめて復習しておきましょう。

Ⓐ: Why don't we* have a small party this weekend?
（この週末に小さなパーティーをするのはどう？）
Ⓑ: Good idea! That sounds like fun!
（いいね！楽しそうだ！）

言い換えフレーズ これも覚えたい！
■■■□ Why don't you try the new restaurant that just opened?
（新しくオープンしたレストランに行ってみたらどう？）
■■■□ How about* we invite* your cousins* to join* us?
（あなたのいとこも招待したらどう？）
■■■□ How about renting* a DVD?
（DVD を借りるのはどう？）

解説 Why don't we ...?「…するのはどう？」 How about ...?「…するのはどう？」 invite「招待する」
cousin「いとこ」 join「参加する」 rent「借りる」

124 『…するのはどう思いますか？』
■■□□ What do you think about -ing?

Unit 123 よりももう少していねいな言い回しで、相手の乗り気や関心をたずねる言い方をチェックしましょう。

Ⓐ: What do you think about going this weekend?
（今週末に行くのはどう？）
Ⓑ: Sure, I'm up for it!
（もちろん、いいですね！）

言い換えフレーズ これも覚えたい！
■■□□ What do you say to* just staying home tonight?
（今夜は家にいることにするのはどう？）
■□□□ What are your thoughts about* going?
（出かけることに関してお考えは？）

■■□□ How do you feel about* not going to the party?
（パーティーに行かないっていうのはどうですか？）
■■□□ Have you thought about joining the hiking club?
（ハイキングクラブに入ることは考えたことない？）
■□□□ Tell me what you think about* staying in Tokyo during Golden Week.
（ゴールデンウィークは東京に留まるのはどうでしょう？）

解説 What do you say to ...?「…はどう思いますか？」
What are your thoughts about ...?「…に関するお考えは？」
How do you feel about ...?「…についてどう思いますか？」
Tell me what you think about ...「…についてどう思うか聞かせてください」

Part 17 乗り気だ、関心あると言うとき
Expressing Enthusiasm
CD 1-17

125 『興味ある！；乗り気だ！』
■■■□ I'm up for it!

なにかについて、乗り気かどうかたずねられたときのシンプルな返事を覚えましょう。まずは、カジュアルなフレーズから見ていきましょう。

Ⓐ: Did you hear Tom's trying to get a windsurfing group together?
（トムがウィンドサーフィンのグループを作ろうとしてるって聞いた？）
Ⓑ: Yes, I heard. I'm up for* it!
（ええ、聞いたわ。すごく興味あるー！）

言い換えフレーズ これも覚えたい！
■■■□ I'm all for* it!
（大賛成！）
■■■■ I'm so there!*
（すごく興味ある！）

解説 be up/all for ...「…にとても興味がある；…に乗り気だ」
be so there →「とてもそこにいる」が直訳で、強い興味や関心を示すフレーズ。

126 『楽しそう！；いいねー！』
■■■□ That sounds fun!

「乗り気だ」というときに、Sounds ...（…に聞こえる）という言い回しを使って表現する場合もよくあります。短いフレーズなので一気に覚えてしまいましょう。

Ⓐ: We're going windsurfing. Would you like to come?
（ウィンドサーフィンに行くんだけど、来たい？）
Ⓑ: That sounds fun!*
（楽しそう！）

Chapter 06　乗り気や関心の英会話フレーズ

言い換えフレーズ これも覚えたい！

■■□□　That sounds like fun!
　　　（楽しそうですね！）
■■■□　Sounds great!
　　　（いいねー！）
■■■□　Sounds exciting!*
　　　（わくわくする！）
■■■□　Sounds perfect!*
　　　（最高！）

解説 sound fun「楽しそうだ」　exciting「わくわくさせるような」　perfect「完璧な」

127　『賛成！；やるよ！』
　　　■■■■ **Count me in!**

Count me in! は「私を数に入れて！」がもとの意味。転じて、「賛成」「私もやる」「やりたい」と自分も乗り気であることを伝える言い方です。

Ⓐ: So, are you up for it?
　（で、あなたはどう？）
Ⓑ: Count me in!
　（賛成！）

言い換えフレーズ これも覚えたい！

■■■■　Sign me up!*
　　　（賛成！）
■■■■　Where do I sign to join?*
　　　（どこにサインすればいい？）
■■□□　I wouldn't miss* it for the world!*
　　　（絶対にやりたい！）

解説 Sign me up! → 直訳は「私を（署名して）参加・登録させて！」。
Where do I sign to join? → 冗談めかした感じで、自分も賛成、乗り気だと伝えるフレーズ。
miss「逃す」　for the world「世界と取り替えても」

128　『よろこんで！；行きたいです！』
　　　■■□□ **I'd love to!**

少していねいな口調で「よろこんで！」「行きたいですね！」と乗り気であることを表現する言い回しも覚えましょう。

Ⓐ: How about joining us?
　（あなたも参加してはどうですか？）
Ⓑ: I'd love to!
　（よろこんで！）

言い換えフレーズ／これも覚えたい！

- **I'd love to join!***
  （加わりたいです！）
- **I'd like to join!**
  （参加したいです！）
- **I'd like to participate!***
  （参加したいです！）

解説 join「参加する」 participate「参加する」

Part 18 乗り気ではないとき、遠慮するとき
Expressing Lack of Enthusiasm
CD 1-18

129 『また別の機会にでも』
Maybe some other time.

なにかに誘われたときのネガティヴな返事をチェックしていきましょう。まずは、「また今度誘って」といった今回に関しては遠慮したいときの返事から。

A: So, do you feel like joining?
（で、君も加わりたい？）
B: Maybe some other time.* I'm pretty busy right now.
（また別の機会にでも。いまはすごく忙しいので）

言い換えフレーズ／これも覚えたい！

- **Some other time.**
  （また別の機会に）
- **Not this time.**
  （今回は遠慮します）
- **Another time, perhaps.**
  （おそらく、別の機会に）
- **I think I'll pass* this time.**
  （今回は遠慮します）
- **I'll give it a miss* this time.**
  （今回は遠慮するよ）
- **I'll take a rain check.***
  （また別のときにね）
- **Let me know about next time.**
  （次の機会を教えてください）

解説 some other time「別の機会；別の折」 pass「パスする」 give it a miss「パスする；やめておく」
take a rain check「雨の日整理券をもらう」→ 遠慮しておくという意味合い。

Chapter 06 乗り気や関心の英会話フレーズ

130 『遠慮しておくよ』
■■■□ **I'll pass.**

乗り気でないときに、率直に「やめておきますよ」「遠慮します」と返事をする言い回しです。

Ⓐ: Do you want to go to the heavy metal concert?
（ヘビメタのコンサートに行きたい？）
Ⓑ: Heavy metal? I'll pass.
（ヘビメタ？ 遠慮しとく）

言い換えフレーズ　これも覚えたい！

■■■□ I'll give it a miss.
（遠慮するよ）
■■■■ Count me out.*
（いや、やめとく）
■■□□ No thanks.*
（けっこうです）

解説 count out「数から外す」　No thanks.「ありがたいけど、けっこうです」

131 『私の趣味ではなさそうです』
■■■□ **It doesn't sound like my thing.**

自分の趣味や好みに合わないのでと、ていねいに遠慮する言い方もあります。not my thing は「自分の趣味に合わない」ということ。

Ⓐ: Do you want to go to the presentation with me?
（いっしょにプレゼンに行きたいですか？）
Ⓑ: Sorry, it doesn't sound like my thing.
（すみません。私の趣味には合わないみたいです）

言い換えフレーズ　これも覚えたい！

■□□□ It doesn't seem like something I'd be interested in.*
（私の興味のあることじゃなさそうですので）
■■□□ Sorry, I just can't get up for* something like that.
（すみません、そういったことには興味がわかなくて）
■■□□ I just can't get enthused about* something like that.
（そういうものには夢中になれないんですよ）

解説 be interested in …「…に興味がある」　get up for …「…に乗り気になる」
get enthused about …「…に夢中になる」

Part 18　乗り気ではないとき、遠慮するとき

132　『そういう気分じゃないので』
■■□□ **I just don't feel like it.**

「単純に、いまはそういう気分ではないから」と言いながら、断りを入れるケースもあります。

Ⓐ: How about seeing a movie tonight?
　(今夜映画に行くのはどう？)
Ⓑ: No. I just don't feel like* it.
　(いや、そういう気分じゃないんだよ)

言い換えフレーズ　これも覚えたい！
■■□□ I just don't feel up to* it.
　　(そういう気分じゃないんです)
■■□□ I just don't feel up for* it right now.
　　(いまはそういう気分になれなくて)

解説 feel like ...「…したい気分だ」　feel up to/for ...「…したい気分だ」

105

Chapter 07

期待、欲求のフレーズ

Part 19 期待感をたずねるフレーズ
Asking about Anticipation

133 『楽しみですか？』
■■□□ **Are you looking forward to it?**

相手のなにかへの期待をたずねるシンプルなフレーズからスタートしましょう。look forward to ...（…を楽しみにしている）は期待のフレーズの代表格でしたね。

Ⓐ: Tomorrow's your trip, right? Are you looking forward to it?
　　（明日は旅行だよね？ 楽しみかい？）
Ⓑ: Of course! I can't wait!
　　（もちろん！ 待ちきれないわ！）

言い換えフレーズ これも覚えたい！
■■■□　Are you anxious?*
　　　　（すごく楽しみ？）
■■■□　Are you all excited?*
　　　　（すごくわくわくしてる？）
■■■□　Are you getting all excited?
　　　　（すごくわくわくしてきてる？）

解説 anxious「切望して；熱望して」　excited「わくわくした」

---

134 『きっと楽しみでしょうね！』
■■□□ **I'll bet you're looking forward to this!**

相手の期待感をたずねるときに、「きっと楽しみにしてるんでしょうね」といった言い方をすることもあります。その類型のフレーズをチェックしましょう。

Ⓐ: I'll bet* you're looking forward to this!
　　（きっと楽しみなんだろうね！）
Ⓑ: I sure am!
　　（もちろん！）

言い換えフレーズ これも覚えたい！
■■□□　You must be* looking forward to this!
　　　　（君は、きっと楽しみにしてるよね！）
■■□□　I'll bet you're excited!
　　　　（きっとわくわくしてるんでしょ！）
■■■□　You must be excited!
　　　　（わくわくしてるんでしょ！）
■■■□　You must be so excited!
　　　　（すごくわくわくしてるでしょ！）
■■■□　I bet you can't wait,* can you?
　　　　（待ちきれないんじゃない？）

解説 I'll bet ...「きっと…なんでしょう」　must be ...「…に違いない」　can't wait「待ちきれない」

Chapter 07 期待、欲求のフレーズ

135 『そうなったらいいよね？』
Won't it be great if it happens?

「…だったらいいよね」と仮定表現を交えながら、相手の期待感をたずねる方法もあります。

A: So, did you hear we might move to a bigger office?
（大きなオフィスに引っ越すかもって聞いたかい？）

B: Yes. Won't it be great if it happens?*
（ええ。そうなったらすばらしいと思わない？）

言い換えフレーズ　これも覚えたい！

- Won't it be great?
  （そうならすばらしいよね？）
- Imagine* if it happens!
  （そうなったことを想像してみてよ！）
- Wouldn't it be great if it turns out* that way?
  （そういう結果になったら、すばらしいですよね？）
- If it happens, won't it be great?
  （そうなったら、すばらしいでしょうね？）

解説　if it happens「そうなれば」　imagine「想像する」　turn out …「…という結果になる」

Part 20　期待や望みを伝えるフレーズ
Expressing Hope and Anticipation
CD 1-20

136 『そうなるといいですね！』
I hope it happens!

ここからは、自分の期待や願望を相手に伝えるフレーズを見ていきましょう。基本のキーワードは hope（望む）です。

A: We should hear an answer by tomorrow.
（明日までには答えが聞けるはずだよ）

B: Oh, I hope it happens!* It would be so great!
（ええ、そうなるといいですね！　すばらしいでしょうね！）

言い換えフレーズ　これも覚えたい！

- I'm really hoping it'll happen!
  （そうなるのをホントに期待してます！）
- I hope it comes together!*
  （うまくいくといいですね！）
- That would be* so great!
  （そうなるとすばらしいね！）
- That would be so fantastic!
  （そうなるとすばらしいね！）
- That would be so nice!
  （そうなるとすごくいいね！）

■■■□ That would be so wonderful!
　　　（そうなるとすばらしいね！）

解説 it happens「（それが）そうなる；起こる」
come together「（相互の作用で）よい方向に進む；うまくいく」
That would be ... → すべて It'll be ... に代えて使用することも可能。

137 『すごく楽しみ！』
■■□□ **I'm so looking forward to this!**

期待感、楽しみな気持ちを表すときの基本表現を、さらにチェックしましょう。

Ⓐ: Tomorrow I'll take you sightseeing.
　　（明日は観光に連れていくね）
Ⓑ: I'm so looking forward to* this!
　　（すごく楽しみだよ！）

言い換えフレーズ これも覚えたい！
■■■□ I'm really looking forward to this!
　　　（これはホントに楽しみ！）
■■■□ I'm looking forward to this!
　　　（これ楽しみなんだ！）
■■□□ I've been looking forward to this all week!
　　　（1週間ずっと楽しみにしてるんです！）
■■■□ I'm so excited!*
　　　（すごくわくわくする！）
■■□□ I'm all excited!
　　　（超、わくわく！）
■■■□ It's so exciting!*
　　　（すごくわくわく！）

解説 look forward to ...「…を楽しみにしている；期待している」 excited「わくわくした」
exciting「わくわくさせる」

Chapter 07 期待、欲求のフレーズ

138 『待ちきれない！』
■■■□ **I can't wait!**

なにかを期待していて、楽しみで待ちきれないときには、日本語でも「待ちきれないよ！」と言うことがありますね。その英語版を見ていきましょう。

Ⓐ: Tomorrow is the first day of the expo.
　　(明日は万博の初日だね)
Ⓑ: I know! I can't wait!*
　　(そうそう！ 待ちきれないよ！)

言い換えフレーズ　これも覚えたい！

■■□□ I can hardly* wait!
　　(待ち遠しい！)
■■■□ I can't wait for tomorrow/Friday/next week!
　　(明日［金曜；来週］が待ちきれない！)
■■■□ It's all I can think about!
　　(ほかにはなにも考えられない！)
■■■□ I can't stop thinking* about it!
　　(そのことばかり考えちゃう！)

解説 can't wait「待つことができない」　hardly ...「ほとんど…ない」　stop thinking「考えるのをやめる」

139 『ハラハラしてる！』
■■■■ **I'm on pins and needles!**

期待を表す言い方には、日本人にはなかなか言えないカラフルなものもあります。ここでは、期待と不安が入り交じったハラハラする感じを表すカラフル表現を紹介します。

Ⓐ: Have you heard back about the job offer?
　　(仕事のオファーについて返事はあったの？)
Ⓑ: No! I'm on pins and needles!*
　　(いや！ どうなることかとハラハラしてるんだ！)

言い換えフレーズ　これも覚えたい！

■■■■ I've got goosebumps!*
　　(ゾクゾクしてる！)
■■■■ I can't sit still!*
　　(じっとしてらんない！)

解説 be on pins and needles「興奮でわくわくする」　get goosebumps「ゾクゾクする；鳥肌が立つ」　sit still「じっと座っている；じっとしている」

140 『祈ってるんだ！』
I've got my fingers crossed!

なにかに希望をもちながら祈るような気持ちを表すひとことを少し紹介しておきましょう。

A: Have you heard back from the interviewer?
（面接官から返事は来たの？）

B: No, but I've got my fingers crossed!*
（まだだけど、祈りながら待ってるんだ！）

言い換えフレーズ これも覚えたい！

- I've got both hands' fingers crossed!
  （心から祈ってる！）
- Knock on wood!*
  （うまくいきますように）

解説 get one's fingers crossed「指を組んでいる；祈っている」
Knock on wood! → うまくいっていることなどに言及したあとに、その幸運が続くように発するおまじないの言葉。通常、木製品を拳でノックしながら使います。

Part 21　期待していないとき、恐れているとき
Expressing Dread or Disinterest

CD 1-21

141 『それほど楽しみではないんです』
I'm not really looking forward to it.

期待に関するネガティヴな表現をチェックしていきます。まずは「それほど期待していない」という言い方を見ましょう。

A: Your business trip is next week, right?
（出張は来週だよね？）

B: Yeah, but I'm not really looking forward to it.
（うん、でもあまり楽しみにはしていないんだよ）

言い換えフレーズ これも覚えたい！

- It's not really a big deal* to me.
  （僕にはたいしたことじゃないんだ）
- I'm not all that* excited.
  （それほど期待はしていません）
- I don't think it will be all that fun.
  （それほど楽しみなことと思ってないんです）

解説 big deal「たいしたこと；一大事」　be not all that ...「それほど…でない」

Chapter 07　期待、欲求のフレーズ

142 『多くを望んではいないんだ』
■■■□ I'm not getting my hopes up.

「多くは望んでいない」「高い期待はしていない」という言い回しにも、いろいろとバリエーションがあります。

Ⓐ: Will you find out soon how the interview went?
（面接の結果はすぐにわかるの？）
Ⓑ: Yes, but I'm not getting my hopes up.*
（うん、でもあまり期待はしていないよ）

言い換えフレーズ　これも覚えたい！

■■■□ I'm trying not to* get my hopes up.
（期待を高くもたないようにしてる）
■■■□ I'm not expecting much.*
（あまり期待はしてないよ）
■■□□ I don't want to get my hopes up too much.
（あまり期待しすぎないようにしています）
■■□□ Frankly, I'm not expecting much.
（正直、あまり期待してません）
■■□□ I don't really have high expectations* (about it).
（あまり高い期待はしてないんです）

解説 get one's hopes up「期待を高くもつ」　try not to ...「…しないようにする」　expect much「多くを望む」　high expectations「高い望み；期待」

143 『恐れているんだ』
■■■□ I'm dreading it!

よい結果を期待するのではなく、そうならないことを期待する場合もありますね。ここでは「…になるのを恐れている」という言い方を見ておきましょう。

Ⓐ: Isn't the company president coming next week?
（社長が来週やってくるんじゃないの？）
Ⓑ: Yes, and I'm dreading* it!
（うん、そうなることを恐れてるんだよ！）

言い換えフレーズ　これも覚えたい！

■■■□ I'm dreading this!
（恐れてるんだ）
■■■■ I am SO not looking forward to this!
（絶対そうなってほしくない！）
■■■□ I'm not looking forward to this/it at all!*
（まったくそうなってほしくなんかない！）

解説 dread「恐れる」　not ... at all「まったく…ない」

112

Chapter 08

よろこびの英会話フレーズ

Chapter 08　よろこびの英会話フレーズ

Part 22　幸福感、満足感をたずねるフレーズ
Asking If Happy or Satisfied

CD 1-22

144　『…は満足？；…はうれしい？』
■■■□　**Are you happy about …?**

相手のうれしさ、幸福感、満足感をたずねるフレーズをまずチェックしていきましょう。最初は、基本的な be 動詞の疑問文から始めましょう。

🅐: Are you happy about your new job?
　　（新しい仕事は満足？）
🅑: Yes. Very much so!
　　（うん、すごく満足！）

▶ 言い換えフレーズ　これも覚えたい！

■■■□　Are you thrilled?*
　　（うれしい？）
■■■□　Are you totally satisfied?*
　　（すごく満足？）
■■□□　Are you satisfied?
　　（満足してますか？）

🔸解説　thrilled「うれしい；よろこんで」　satisfied「満足した」

145　『すごくうれしそうだね！』
■■■□　**You look so happy!**

相手に幸福感をたずねる場面では、相手の表情や仕草を見ながら「幸せそうだね」と声をかけることもありますね。

🅐: Sam! You look so happy!*
　　（サム！ すごくうれしいそうね！）
🅑: Ha! I guess so; I'm just enjoying this weather!
　　（まあね！ そうかもね。なにせ天気がいいじゃん！）

▶ 言い換えフレーズ　これも覚えたい！

■■□□　You seem so happy!*
　　（すごくうれしそうですね！）
■■□□　I've never seen you looking so happy!
　　（それほどうれしそうにしてるのは見たことないですね！）
■■■□　Look at that big smile on your face!*
　　（すごくうれしそうな笑顔ね！）
■■■□　Look at you! You're all smiles!*
　　（あなた、満面の笑顔になってるわよ！）

🔸解説　look/seem happy「うれしそうだ」　big smile on someone's face「大きな笑顔」
　　be all smiles「満々の笑顔だ」

Part 22 幸福感、満足感をたずねるフレーズ／Part 23 うれしさを伝えるフレーズ

Part 23 うれしさを伝えるフレーズ
Expressing Happiness

CD 1-23

146 『やったー！』
■■■■ **Yay!**

うれしさを伝えるもっともシンプルな言葉は「やったー！」といった感動の声でしょう。まずは、ひとことでうれしさを叫ぶ言い方から。

Ⓐ: I'm putting you on the starting team.
（君をスターターに登録することにする）
Ⓑ: Yay!*
（やったー！）

言い換えフレーズ これも覚えたい！

■■■■ Yeah!*
（やったー！）
■■■■ Hooray!*
（やったー！）
■■■■ Whoopee!*
（わーい！）
■■■■ Yahoo!*
（わーい！；ヤフー！）

解説 以下は発音を解説 → yay「イエーイ」 yeah「イヤー」 hooray「フレーイ」 whoopee「ウピー」 yahoo「ヤフー」

---

147 『とてもうれしい！』
■■■□ **I'm so happy!**

この Unit では、シンプルなセンテンスで、幸福感、よろこびを伝えるひとことを紹介します。

Ⓐ: I heard that you got married last year!
（去年結婚したんですって？）
Ⓑ: Yes, and I'm so happy!
（ええ、すごく幸せよ！）

言い換えフレーズ これも覚えたい！

■■■□ I'm thrilled!*
（すごくうれしい！）
■■□□ I couldn't be happier!
（最高にうれしい！）
■■□□ This is the happiest day of my life!
（人生でいちばんうれしい日ですよ！）
■■□□ I'm so pleased!*
（すごくうれしいです）

Chapter 08 よろこびの英会話フレーズ

- ■■□□ **I'm ecstatic!***
  (有頂天になっちゃう！)
- ■□□□ **I'm delighted!***
  (うれしいです！)
- ■□□□ **This has made me so happy!**
  (とてもうれしく思います)
- ■□□□ **You've made me so happy!**
  (おかげでうれしいです！)
- ■□□□ **I've never been so happy!**
  (これほどうれしいことはありませんでした！)

解説 thrilled「うれしい；わくわくして」 pleased「よろこんで」 ecstatic「有頂天で；幸せの絶頂で」 delighted「よろこんで」

148 『…できてうれしいです！』
■■□□ **I'm happy I could ...!**

この Unit では、happy という語を使って、幸福感、よろこびを伝えるひとことをまとめて紹介します。

Ⓐ: **Congratulations!**
(おめでとう！)
Ⓑ: **Thanks! I'm so happy I could* finally win!**
(ありがとう！ とうとう勝てて、すごくうれしいです！)

言い換えフレーズ これも覚えたい！

- ■■□□ **I'm happy that* my mom could come.**
  (母が来てくれてうれしいです)
- ■■□□ **I'm happy with* the result.**
  (結果に満足です)
- ■■□□ **I'm happy to* hear the news.**
  (知らせを聞いてうれしく思います)
- ■■□□ **I was so happy when I heard the news.**
  (知らせを聞いたときはうれしかったです)
- ■■□□ **I was so happy when I got the news.**
  (知らせを受け取ってとてもうれしかったです)

解説 be happy I could ...「…できてうれしい」 be happy that ...「…でうれしい」 be happy with ...「…に満足だ」 be happy to ...「…してうれしい」

149 『うれしいよ！』
That makes my day!

カラフルな言葉で自分のうれしさを表す言い回しを覚えましょう。ネイティヴらしいひとことばかりです。

Ⓐ: I loved reading your article in the magazine.
（雑誌であなたの記事を読んだわ。よかったわよ）
Ⓑ: Thank you! That makes my day!*
（ありがとう！ うれしいよ！）

言い換えフレーズ これも覚えたい！

- I'm on cloud nine!*
  （最高にうれしい！）
- My feet are hardly touching the ground!*
  （もう地に足がつかないほどうれしい！）
- I'm in heaven!
  （最高！）
- I'm as happy as a clam!*
  （最高にうれしい！）
- I'm grinning from ear to ear!*
  （うれしくて仕方ないんだよ！）

解説 That makes my day. → 直訳は「それが私の一日をつくる」。転じて「おかげでいい日になるよ」「うれしいな」といった意味になる。
be on cloud nine →「第九番目の雲の上に乗っている」神にいちばん近い天国にいるという意味。
touch the ground「地面に着く」 be as happy as a clam「最高に幸せだ」
grin from ear to ear「満面の笑みで笑う」

150 『これ以上うれしいことはない！』
What more could I want?

比較級を使った反語表現で幸福感を伝える言い回しも英語にはたくさんあります。少しだけチェックしておきましょう。

Ⓐ: Your girlfriend seems so nice and sweet!
（あなたのガールフレンドすごくやさしそうよね！）
Ⓑ: She is! What more could I want?*
（そうなんだ！ もうなにも望むものはないよ！）

言い換えフレーズ これも覚えたい！

- What more could I ask for?
  （これ以上望むものはなにもない）
- How could it get better?*
  （最高だよ！）
- What could be better?
  （最高さ！）

解説 What more could I want? →「これ以上になにを欲しがることができるだろう？」が直訳。
How could it get better? →「どうすればこれ以上よくなる（いやなりはしない：最高だ）」。

Chapter 08 よろこびの英会話フレーズ

151 『あまりうれしくないよ』
■■■□ I'm not so happy.

少しだけ否定的なセンテンスもチェックしておきましょう。さらに否定的なコメントについては、別のチャプター（13〜15）を参照してください。

Ⓐ: I heard they are transferring your section out of town.
（君の部署を郊外に移転するようなことを聞いたよ！）
Ⓑ: Yeah. I'm not so happy.*
（ああ、あまりうれしくないよね）

言い換えフレーズ これも覚えたい！

■■□□ I'm not so happy about that.
（それはあまりうれしくないですね）

■■□□ It doesn't make me happy.*
（うれしくはないですね）

解説 not so happy「あまりうれしくない」 make someone happy「…を幸せにする」

Chapter 09

印象の英会話フレーズ

Chapter 09 印象の英会話フレーズ

Part 24 感動や印象をたずねるフレーズ
Asking Impressions
CD 1-24

152 『感銘を受けました？』
■■□□ **Were you impressed?**

印象や感想、感動をたずねる表現を身につけましょう。まずは、「感銘を受けましたか？」「どういう印象でした？」といった基本の疑問文から。

A: I heard you saw the movie yesterday. Were you impressed?*
（昨日は映画を観たんですってね。印象的でした？）

B: Yes, I was!
（ええ、とても！）

言い換えフレーズ これも覚えたい！

- ■■□□ Was it impressive?*
  （印象的でしたか？）
- ■■□□ How impressed were you?
  （あなたの印象はどう？）
- ■■□□ What was your impression?
  （あなたの印象は？）
- ■■□□ Were you moved?*
  （感動しましたか？）
- ■■□□ Was it moving?*
  （感動的でしたか？）

解説 impressed「印象づけられた」 impressive「印象的な」 moved「感動した」 moving「感動的な」

---

153 『あなたはどう思った？』
■■□□ **What was your reaction?**

もう少し印象や感想、感動をたずねる表現をチェックしましょう。「…の印象はどうだった？」「…は印象的だった？」といった言い方です。

A: What was your reaction?*
（君の感想は？）

B: I was pretty shocked!
（かなりショックを受けましたよ！）

言い換えフレーズ これも覚えたい！

- ■■□□ What was your response?*
  （君はどう思った？）
- ■■■□ How did you react?*
  （どう思った？）
- ■■■□ How did you respond?*
  （君の感想は？）

解説 reaction = response「反応」 react = respond「反応する」

154 『すごかった？；びっくりした？』
■■■□ Were you blown away?

ちょっとくだけた感じで、相手の印象や感想を聞くときの言い回しも覚えておきましょう。be blown away は「吹き飛ばされた」が直訳。ここでは「強い印象を受けてびっくりした」という意味で使われます。

Ⓐ: Were you blown away?*
(すごかった？)
Ⓑ: You bet I was!
(うん、すごかったよ！)

言い換えフレーズ これも覚えたい！

- ■■■□ Did it blow you away?
  (びっくりしたでしょう？)
- ■■□□ Were you amazed?*
  (驚きました？)
- ■■■□ You must have been amazed!
  (驚いたでしょ！)
- ■■■□ I'll bet* you were amazed!
  (驚いたんでしょ！)

解説 be blown away「びっくりする；(驚きで) ぶっ飛ぶ」 amazed「驚かされて」
I'll bet ...「きっと…だろう」

Part 25 感動や印象を伝えるフレーズ
Giving Impressions

155 『感心しました！』
■■■□ I was impressed!

なにかによい評価を抱いて好印象を述べるときの基本表現を学びましょう。impressed(とても印象づけられた；印象的だ；感心させられた)がキーワードです。

Ⓐ: So, what did you think of the new pitcher?
(で、その投手のこと、どう思ったの？)
Ⓑ: I was impressed!*
(すごく印象的だったよ！)

言い換えフレーズ これも覚えたい！

- ■■■□ I was so impressed!
  (すごく印象的だった！)
- ■■□□ It really made an impression on* me!
  (すごく強い印象が残ってます！)
- ■□□□ I was quite* impressed!
  (まったく感心させられました！)

解説 impressed「印象的だ；感心させられた」 make an impression on ...「…に印象を残す」
quite「まったく」

Chapter 09 印象の英会話フレーズ

156 『びっくりした！』
■■■■ I was blown away!

すばらしさなどに驚いてびっくりするときには、be blown away（びっくりした；ぶっ飛んだ）などのくだけた言い方もできますね。

Ⓐ: I was blown away!
（びっくりしたよ！）
Ⓑ: I'll bet!
（そうだろうね！）

言い換えフレーズ これも覚えたい！

■■■■ It blew me away!
（びっくりだった！）
■■■■ It totally* blew me away!
（まったくぶったまげた！）
■■□□ I was in awe!*
（心服しました！）
■□□□ I was awestruck!*
（畏怖の念を抱きました！）

解説 totally「完全に」 be in awe「心服する；畏怖の念を抱く」
be awestruck「畏敬の念がわく；畏怖の念を抱く」

157 『感動した！』
■■■□ It really got me!

It really got me. は「感動した！」という意味になる口語表現。日常会話でとてもよく使います。

Ⓐ: The movie was powerful, wasn't it?
（映画、パワフルだったよね！）
Ⓑ: Yes. It really got me!
（うん、すごく感動した！）

言い換えフレーズ これも覚えたい！

■■□□ I was touched.*
（感動しました）
■■□□ It was touching.
（感動的でした）
■■□□ It was very touching.
（すごく感動的でした）
■■□□ I was very moved.*
（感動しました）
■□□□ I found it very moving.
（とても感動的でした）

解説 be touched「感動させられる；心を打たれる」
be moved「感動させられる；心を動かされる；感銘する」

158 『胸を打たれた！』
■■□□ **It tugged at my heart!**

涙が出てくるような深い感動を表現するフレーズをチェックしましょう。「ハートを引っ張る」「ハートに触れる」などおもしろい言い方があります。

A: That is such a sad novel!
（すごく悲しい小説だったね！）
B: I know! It tugged at my heart!*
（そうよ！ 胸を打たれたわ！）

言い換えフレーズ これも覚えたい！

- ■■□□ I shed a tear!*
  （涙を流しました）
- ■□□□ My eyes were welling up.*
  （涙がこみ上げてきました）
- ■□□□ It touched my heart.*
  （深く感動しました）
- ■□□□ I was moved to tears.*
  （感動で泣きました）
- ■■■□ I couldn't stop crying!*
  （涙が止まらなかった！）

解説 tug at someone's heart「…を感動させる；心の琴線に触れる」 shed a tear「涙を流す」 well up「こみ上げる」 touch someone's heart「琴線に触れる」 be moved to tears「感動で泣ける」 can't stop -ing「…するのを止められない」

Part 26 感動しなかった、つまらなかったとき
Expressing Boredom and Disappointment (CD 1-26)

159 『かなり退屈だった』
■■□□ **I was pretty bored.**

ここからは印象がよくなかったときの言い方をチェックしていきましょう。まずは、「退屈だった」「おもしろくなかった」という言い方です。

A: What did you think of the movie?
（映画どう思った？）
B: I was pretty bored.*
（かなり退屈だったわ）

言い換えフレーズ これも覚えたい！

- ■□□□ Frankly, I was pretty bored.
  （正直、かなり退屈でした）
- ■■□□ I found it kind of* boring.
  （ちょっと退屈でしたね）
- ■■■□ I was bored the whole time!*
  （ずっと退屈してました！）

Chapter 09　印象の英会話フレーズ

- ■■■■ I was bored out of my mind!*
  （退屈でどうかなりそうだったよ！）
- ■■□□ I was bored to tears!*
  （退屈で涙が出ました！）
- ■■□□ It bored me to death!*
  （死ぬほど退屈でした！）
- ■■□□ Such a bore!
  （すごくつまらない！）
- ■■■□ What a bore!
  （つまんないよ！）

解説 bored「退屈した」　kind of ...「ある種…」　the whole time「ずっと」
be bored out of my mind「退屈でどうにかなりそうだ」　be bored to tears「退屈で涙が出る」
be bored to death「死ぬほど退屈だ」

---

160 『退屈で眠っちゃった！』
■■■□ It put me to sleep!

退屈を表すカラフルな表現もチェックしておきましょう。

A: I heard you didn't like the play.
　（劇はつまらなかったって聞いたよ）
B: No! It put me to sleep!*
　（そう！ つまらなくて眠っちゃったわ！）

言い換えフレーズ　これも覚えたい！

- ■■□□ I slept through* the whole thing!
  （ずっと眠ってました！）
- ■■□□ I could barely* keep my eyes open!
  （目を開けてるのが大変でした！）
- ■■□□ I couldn't wait for it to be over!*
  （早く終わってほしかったですよ！）
- ■■□□ I just wanted it to end!
  （ただただ、終わってほしかったです！）
- ■■■■ What a snoozer!*
  （すごく退屈だったよ！）

解説 put someone to sleep「…を眠らせる」　sleep through ...「…を通してずっと眠っている」
barely「かろうじて」　be over「終わる」　snoozer「退屈極まりないもの；うたた寝させるもの」

Part 26 感動しなかった、つまらなかったとき

161 『がっかりだった』
It was a letdown.

期待外れでがっかりだったときのフレーズを紹介します。letdown は「がっかりさせる物事」の意。

Ⓐ: So it wasn't all that interesting, huh?
　（で、そんなにおもしろくなかったって？）
Ⓑ: No. It was a letdown.*
　（うん、がっかりだったよ）

言い換えフレーズ これも覚えたい！

- It was pretty much of a disappointment.*
　（かなりがっかりするものでした）
- It should have been so much better!*
　（かなり期待外れでした）
- It wasn't as good as I was expecting.*
　（期待ほどではありませんでした）
- It fell way/well short of* my expectations.
　（かなり期待外れでした）
- It didn't live up to* the hype.*
　（前評判ほどではなかったな）
- I can't see what all the fuss* was about!
　（あの大騒ぎの意味がわからないよ）

解説 letdown = disappointment「がっかり；落胆」
should have been so much better「ずっとよくあるべきだった」 expect「期待する」
fall short of …「…に届かない；及ばない」 live up to …「…に応える；かなう」
hype「誇大宣伝などの大騒ぎ」 fuss「大騒ぎ；空騒ぎ」

162 『すごくがっかりだった』
I was so disappointed!

さらに強い落胆を表す英会話フレーズをチェックしてみましょう。

Ⓐ: Jim told me you didn't enjoy the concert.
　（ジムに聞いたけど、コンサートはつまらなかったって？）
Ⓑ: Not at all! I was so disappointed!
　（全然ダメ！すごくがっかりしたわ！）

言い換えフレーズ これも覚えたい！

- It was a big disappointment. （すごくがっかりだった）
- It was a real disappointment. （ホントにがっかりだった）
- It was so dissatisfying.* （とても不満なものでした）
- I can't tell you how* disappointed I was!
　（言葉にできないほどがっかりしました！）

解説 dissatisfying「満足させない」 I can't tell you how …「どれほど…か言葉では表現できない」

Chapter 10

楽しさ、おかしさのフレーズ

Part 27　楽しさ、おもしろさをたずねるフレーズ

Part 27　楽しさ、おもしろさをたずねるフレーズ
Asking about Fun Things

CD 2-01

163　『楽しそうだね！』
■■□□ **You look like you're enjoying yourself!**

なにかで楽しそうにしている相手に、「楽しそうだね」と声をかけるフレーズを覚えましょう。

Ⓐ: You look like you're enjoying yourself!*
　　（楽しんでるみたいだね！）
Ⓑ: I sure am! This is fun!
　　（そうですね！楽しいです！）

言い換えフレーズ　これも覚えたい！

■■□□ You sure seem to be enjoying yourself!
　　（ずいぶん楽しそうですね！）
■■■□ You look like you're having fun!*
　　（楽しんでるみたいだね！）
■■■□ That looks fun!
　　（それ楽しそうだね！）

解説 enjoy oneself「楽しむ」　have fun「楽しむ」

164　『これ楽しいよね？』
■■■□ **Isn't this fun?**

「これって楽しくない？」「これって楽しいよね？」と、シンプルに相手に問いかける言い方もあります。

Ⓐ: Isn't this fun?
　　（これ楽しくない？）
Ⓑ: It sure is!
　　（すごく楽しい！）

言い換えフレーズ　これも覚えたい！

■■■□ Isn't this great?
　　（すごくよくない？）
■■■■ Isn't this a kick?
　　（最高じゃない？）
■■■■ This is a real kick,* isn't it?
　　（最高だよね？）
■■■■ This is a hoot,* isn't it?
　　（楽しくない？）

解説 kick = hoot「楽しいこと；おもしろいこと；わくわくすること」

127

Chapter 10 楽しさ、おかしさのフレーズ

165 『最高に笑えるよね？』
■■■■ Isn't that the funniest thing you've ever heard?

なにかがおかしくて仕方ないとき、笑えるときに、相手に声をかけて同調を求める言い方です。

- Ⓐ: Isn't that the funniest thing* you've ever heard?
  (いままででいちばん笑えると思わない？)
- Ⓑ: It sure is!
  (絶対そうね！)

言い換えフレーズ これも覚えたい！

- ■■□□ Don't you think that's hilarious?*
  (超笑えるよね？)
- ■■■■ Is that funny, or what?*
  (絶対おもしろいよね！)
- ■■■■ Doesn't that just crack you up?*
  (死ぬほど笑えるよね？)

解説 funniest thing「いちばんおもしろいこと；おかしいこと；笑えること」
hilarious「すごく笑える；大笑いの」 Is that ..., or what?「でなければなんだ？」→「絶対…だ」
crack someone up「…を大笑いさせる」

166 『なにがそんなにおかしいの？』
■■□□ What's so funny?

相手がゲラゲラと笑っているときに、「なにがそんなにおもしろいの？」とたずねるフレーズもチェックしておきましょう。

- Ⓐ: What's so funny?
  (なにがそんなおもしろいのさ？)
- Ⓑ: Jason just told me a hilarious story!
  (ジェイソンが超笑える話をしてくれたのよ！)

言い換えフレーズ これも覚えたい！

- ■■□□ Why are you laughing so hard?*
  (なんでそんなに笑ってるの？)
- ■■□□ What's got you laughing so much?*
  (なにがそんなに笑えるの？)
- ■■■□ What are you laughing about?
  (なにを笑ってんの？)
- ■■■□ What on earth* are you laughing about?
  (いったいなにを笑ってるの？)

解説 so hard「そんなに激しく」 so much「そんなにたくさん」 What on earth「いったいどうして」

Part 28 楽しさ、おもしろさを伝えるフレーズ
Talking about Fun Things

167 『すごく楽しかった！』
That was so fun!

楽しかったときのコメントフレーズをチェックしましょう。まずは基本の基本から。

A: That was so fun!*
（すごく楽しかった！）
B: Wasn't it great?
（すごかったよね！）

言い換えフレーズ これも覚えたい！

- That was the most fun I've had in ages!*
  （あんなに楽しかったのは久しぶりです！）
- That was the most fun I've had in a while!*
  （あんなに楽しかったのはしばらくぶりです！）
- I can't remember when* I've had so much fun!
  （あれほど楽しんだことなかったかも！）
- I can't remember the last time* I had so much fun!
  （あれほど楽しかったのは、ホントいつ以来だろう？）

解説 fun「楽しい；楽しみ」 be the most fun I've had in ages「長い間でもっとも楽しかった」 in a while「ここしばらくの間で」 I can't remember when ...「…がいつだったか思い出せない」 the last time「最後（のとき）」

168 『超、楽しい！』
What a blast!

楽しみを感嘆文で表現することもよくあります。「What +（名詞）！」「How +（形容詞）！」の形で「なんて…なんだろう！」という意味になります。

A: Isn't this fun?
（これ楽しいよね！）
B: Yes! What a blast!*
（うん！超、楽しい！）

言い換えフレーズ これも覚えたい！

- What a riot!*
  （超、おもしろっ！）
- What a treat!*
  （すごく楽しい！）
- How fun!
  （なんて楽しいんだろう！）

解説 blast = riot「すごく楽しい［おもしろい］物事」 treat「楽しみ」

Chapter 10 楽しさ、おかしさのフレーズ

169 『超、笑える！』
■■□□ **That is hilarious!**

今度は楽しさというより、笑える物事、爆笑なことに関してコメントする場合の表現をチェックします。

Ⓐ: So he spent all day pretending he was Italian!
(で、彼ったら一日中イタリア人のふりをして過ごしたらしいのよ)
Ⓑ: Oh, that is hilarious!*
(はは、超、笑える！)

言い換えフレーズ これも覚えたい！

- ■■□□ That's so funny!*
  (すごくおもしろっ！)
- ■■■□ That's the funniest thing I've ever heard!
  (最高におかしい！)
- ■■■□ That's (just) too funny!
  (おもしろすぎっ！)

解説 hilarious「大笑いの；爆笑ものの」 funny「おかしな；おもしろい；変な」

170 『爆笑！』
■■■■ **This cracks me up!**

笑える物事、爆笑なことに関してコメントする場合の表現の応用編です。前の Unit よりもくだけた言い回しをチェックしましょう。

Ⓐ: This cracks me up!*
(これ、超笑える！)
Ⓑ: Me too! I laugh every time I see it.
(そうそう！いつ見ても笑えるよね！)

言い換えフレーズ これも覚えたい！

- ■■■■ I'm cracking up!
  (爆笑！)
- ■■■■ This always* cracks me up!
  (いつも、超受けるよね！)
- ■■■■ This part*/scene* cracks me up!
  (この場面、爆笑ものだよ！)
- ■■■□ I can't stop laughing!
  (笑いが止まらん！)
- ■■■□ My stomach hurts* from laughing so hard!
  (笑いすぎておなか痛い！)
- ■■■■ Stop! You're killing* me!
  (よせよ！[笑いすぎて] 死んじゃうよ！)

解説 crack someone up「…を大笑いさせる」 always「いつでも」 part「部分」 scene「場面」
hurt「痛む」 kill「殺す」

Part 28　楽しさ、おもしろさを伝えるフレーズ

171　『爆笑ものだ！』
I'm rolling on the floor!

笑える物事、爆笑なことに関してコメントする表現をもう少し覚えましょう。

A: So after that, nobody could think of anything to say!
　（そのあと、みんな絶句しちゃったんだよね！）
B: That is so funny! I'm rolling on the floor!*
　（超、笑える！ 爆笑ものだよ！）

言い換えフレーズ　これも覚えたい！

- I never laughed so hard!
　（こんなに笑ったことはないよ！）
- I laughed so hard* I cried!*
　（笑いすぎて涙が出たよ！）
- I laughed so hard my stomach hurt!
　（笑いすぎておなかが痛かったよ！）

解説 roll on the floor「（おかしくて床を）転げ回る；爆笑する」　laugh so hard「とても激しく笑う」　cry「泣く」

172　『君、おもしろすぎ！』
You're so funny!

相手がおかしなことを言ってこちらを笑わせたときのコメントフレーズを見ていきましょう。

A: So, that's how it happened!
　（で、そうなっちゃったんだよね！）
B: Ha ha! You're so funny!
　（ハハハ！ あなた、おもしろすぎっ！）

言い換えフレーズ　これも覚えたい！

- You're a riot!*
　（お前、爆笑！）
- You crack me up!*
　（お前、おかしい！）
- You're a comedian!*
　（お前、お笑い芸人かっ！）

解説 riot「楽しいこと；おかしいこと」　crack up「笑わせる」　comedian「お笑い芸人」

131

Chapter 10 楽しさ、おかしさのフレーズ

Part 29 つまらない、笑えないと言うとき
Talking about Things That Aren't Fun

173 『つまらないよ！』
It's no fun!

fun（楽しい；楽しみ）ではないときのコメントも見ておきましょう。つまらないパーティーにいるときや退屈な劇などを観ているときにどうぞ。

Ⓐ: You want to leave already?
（もう出たいわけ？）
Ⓑ: Yes! It's no fun!
（うん、全然つまんないよ！）

言い換えフレーズ これも覚えたい！

- This is no fun!*
  （全然つまんない！）
- It's not fun at all!*
  （まったくつまんない）
- There's nothing fun about it!
  （なにもおもしろくない！）

解説 be no fun「全然楽しくない」 not ... at all「まったく…でない」

174 『おもしろくないね』
That's not funny.

相手はおもしろい話をしているつもりなのに、それが笑える内容ではなかったときのコメントフレーズをチェックしましょう。

Ⓐ: So that's what happened!
（で、そういうことなんだよね！）
Ⓑ: Hmmm ... that's not funny.
（うーん…おもしろくないわね）

言い換えフレーズ これも覚えたい！

- What's so funny about that?
  （なにがおもしろいの？）
- I fail to see* the humor in that.
  （どこがおもしろかったのかわかりませんが）
- I don't find anything funny about that.
  （なにもおもしろいところが見つかりませんでしたけど）
- I'm not amused* by that.
  （おもしろくなかったですね）

解説 fail to see「わからなかった；見つけられなかった」 be amused「おもしろがる」

Chapter 11

失敗と恥ずかしさのフレーズ

Chapter 11 失敗と恥ずかしさのフレーズ

Part 30 失敗したときのひとこと
Expressions When Making Mistakes
CD 2-04

175 『やっちゃった！』
I blew it!

なにかで失敗したときに口から出てくるひとことを覚えましょう。日本語の「やっちゃった」「しまった」などにあたる英語表現です。

- Ⓐ: Oh, man. I blew* it!
  (ありゃ、やっちゃった！)
- Ⓑ: What do you mean? What happened?
  (なに？ どうしたの？)

言い換えフレーズ これも覚えたい！

- I really blew it!
  (やっちゃったー！)
- I really blew it this time!
  (こりゃヤバい！)
- I screwed up* big time!*
  (大失敗！)
- I screwed up!
  (しまった！)
- I can't believe how bad I screwed up!
  (こんな失敗するなんて！)

解説 blow「しくじる；とちる；ドジをやる」　screw up「しくじる」　big time「とても；すごく；ひどく」

176 『おっと！』
Whoops!

失敗したときに、日本語でも「おっと」「うわっ」などと短い言葉を発しますね。そういったフレーズもチェックしておきましょう。

- Ⓐ: You weren't supposed to tip that guy!
  (あの人にはチップはあげなくていいんだよ！)
- Ⓑ: Whoops!*
  (おっと！)

言い換えフレーズ これも覚えたい！

- Oops!*
  (おっと！)
- I goofed!*
  (ドジった！)
- I guess I goofed, huh?
  (ドジっちゃったか？)

Part 30 失敗したときのひとこと

■■■■ Boy, did I goof!
　　　（やっちまった！）

解説　Whoops! = Oops!「おっと！；うわっ！」　goof「ドジをやる；ヘマをする」

177　『私、なに考えてたの？』
■■■□ **What was I thinking?**

失敗したあとの、「なにを考えてたの、私」「私、どうしちゃったんだろう？」と反省のニュアンスの混じったひとこともあります。

Ⓐ: What was I thinking?
　　（私、なに考えてたんだろ？）
Ⓑ: Hey, we all screw up.
　　（まあまあ、だれでもヘマはするよ）

言い換えフレーズ　これも覚えたい！
■■■□ What the heck* was I thinking?
　　　（いったいなに考えてたの、私？）
■■■□ Where was my head?
　　　（私の頭はどこ行っちゃってたの？）
■■■■ I really had my head up my ass!*
　　　（ホント、バカやっちまった！）
■■■□ What a silly* mistake!
　　　（なんてバカなミスなの！）

解説　the heck = the hell → 強調の言葉。
　　　have one's head up one's ass「バカをやる；とんちんかんなことをする」　silly「バカげた」

178　『私って、なんてバカなの！』
■■□□ **I'm such a fool!**

失敗したときには、日本でも「私ってバカ！」などと言いながら自分を責めることがありますね。その英語バージョンを見ていきましょう。

Ⓐ: I'm such a* fool!
　　（私って、なんてバカなの！）
Ⓑ: Hey, don't be so hard on yourself.
　　（おい、そんなに自分を責めるなよ）

言い換えフレーズ　これも覚えたい！
■■□□ I feel like such a fool!*
　　　（自分がすごいバカだって感じるわ！）
■■□□ I'm such an idiot!*
　　　（私ってほんとうにマヌケよ！）
■■□□ I feel like such an idiot!
　　　（私って大マヌケよ！）

Chapter 11 失敗と恥ずかしさのフレーズ

- ■■■□ I'm so stupid!*
  （私、超バカよ！）
- ■■■□ I can't believe I could be so stupid!
  （自分がこんなにバカだったなんて信じらんない！）

解説 such a ... 「こんなに…；あんなに…」強調。　fool = idiot「バカ；愚か者」　stupid「愚かな」

179 『なんてこと、しちゃったの！』
■□□□ **What have I done?**

もう少していねいな口調で自分の失敗に言及する言い回しもあります。「なんてことをしてしまったのだろう？」「どうしてこんなこと？」といったニュアンスです。

Ⓐ: Oh, my God! What have I done?
（なんてこと！私、なにをしちゃったの？）

Ⓑ: It's not the end of the world.
（大丈夫だよ、世界の終わりではないし）

言い換えフレーズ これも覚えたい！

- ■□□□ How could I do such a thing?*
  （どうしてこんなことしちゃったの？）
- ■■□□ How could I have been so stupid?*
  （どうしてこんなにバカだったの？）
- ■□□□ How could I have done such a thing?
  （どうしてあんなことしてしまったんだろう？）
- ■□□□ How could I have done something so stupid/foolish?*
  （どうしてあれほど愚かなことをしてしまったのか？）
- ■□□□ I can't believe I behaved so badly!*
  （自分のやったことが信じられません！）
- ■□□□ I can't believe the way I behave* sometimes!
  （ときどきやってしまう自分の行動が信じられません！）

解説 such a thing「あんなこと；こんなこと」　stupid「バカな；愚かな」　foolish「バカな」　behave badly「見苦しい振る舞いをする」　the way I behave「自分の振る舞い方」

Part 31 恥ずかしいときのひとこと
Expressing Embarrassment

180 『超、恥ずかしい！』
I'm so embarrassed!

失敗などをして、バツが悪く恥ずかしい気持ちを伝えるひとことをチェックしましょう。「恥ずかしい！」「ホント私ったらバカみたい！」といった表現です。

Ⓐ: I'm so embarrassed!*
（超、恥ずかしい！）
Ⓑ: It'll be okay.
（大丈夫だよ）

言い換えフレーズ これも覚えたい！

- I feel so embarrassed!
（すごく恥ずかしい！）
- I feel so foolish!*
（私、ほんとうにバカみたい！）
- I made a fool out of myself!*
（自分が恥ずかしい！）
- I feel like a complete* fool!
（自分が、ほんとうにバカみたい！）
- I feel like a complete idiot!*
（自分が、ほんとうに大バカみたい）
- I just want to crawl under a rock!*
（穴があったら入りたい！）

解説 be embarrassed「恥ずかしい」 foolish「愚かな；バカな；バカげた」
make a fool out of oneself「バカなことをする」 complete「完全な」
idiot「マヌケ；愚か者；大バカもの」 crawl under a rock「岩の下に潜り込む」

181 『屈辱的だ！』
This is humiliating!

バツの悪い恥ずかしさではなくて、屈辱的な恥ずかしさを表現したいときの言い回しもチェックしておきます。

Ⓐ: This is humiliating!*
（これは屈辱的だよ！）
Ⓑ: Hey, it's not that big of a deal!
（それほど大げさなことじゃないよ！）

言い換えフレーズ これも覚えたい！

- This is so humiliating!
（ホントに屈辱的ですよ！）

Chapter 11 失敗と恥ずかしさのフレーズ

- I've never felt* so humiliated!
  (これほど屈辱的なことはない！)
- I wanted to die!
  (死にたいくらいだったよ！)
- I've got egg on face!*
  (面目丸つぶれだ！)
- I had egg on my face!
  (面目丸つぶれだ！)
- I was red faced!*
  (お恥ずかしい！)

解説 humiliating「屈辱的な」 have never felt ...「…を感じたことがない」
have got egg on face「面目が潰れる」 be red faced「恥じ入って赤面する」

Chapter 12

驚きの英会話フレーズ

Chapter 12 驚きの英会話フレーズ

Part 32 驚きを確認するフレーズ / Asking If Surprised
CD 2-06

182 『驚かなかった？』
Aren't you surprised?

なにかに関して驚いたかどうかを、相手にたずねる基本フレーズをチェックしていきましょう。

Ⓐ: Aren't you surprised?
（驚かなかった？）
Ⓑ: I sure am!
（すごく驚いたよ！）

言い換えフレーズ これも覚えたい！

- Can you believe it?
（信じられる？）
- You can't believe it, can you?
（信じられないよね！）
- I'll bet* you're shocked,* aren't you?
（ショックだったでしょうね）
- Are you shocked?
（ショックだった？）
- Did it come as a shock?*
（衝撃的でしたか？）
- Were you shocked by the news?
（その知らせに衝撃を受けましたか？）

解説　I'll bet ...「きっと…だろう」　be shocked「ショックを受ける」　come as a shock「ショックだ」

Part 33 驚きを表すフレーズ / Expressing Surprise
CD 2-07

183 『すごくびっくり！』
What a surprise!

ここからは、自分の驚きを相手に伝える言い方です。感嘆文を使うと驚きを強調することができますね。

Ⓐ: John! What a surprise!
（ジョン！ すごく驚いたよ！）
Ⓑ: Indeed! I didn't expect to see you here!
（ホントに！ 君にここで会えるとはね！）

言い換えフレーズ これも覚えたい！

- How surprising!
（すごくびっくりだね！）
- This is a surprise!
（これはびっくりですね！）

■■□□ I'm so surprised!
(びっくりした！)
■■■□ Surprise, surprise!*
(超、驚き！)

解説 Surprise, surprise! →「驚き」という語を重ねて、驚嘆の気持ちを強調した言い方。

184 『信じられない！』
■■■□ **Unbelievable!**

なにかに驚いた場面では、「信じられない！」というひとことで、その気持ちを表現したくなるときもあります。キーワードは、unbelievable（信じられない）ですね。

Ⓐ: So, that's what happened.
(で、それがことの顛末なのよ)
Ⓑ: Unbelievable!
(信じられない！)

言い換えフレーズ これも覚えたい！
■■■□ Incredible!*
(信じられない！)
■■■□ I can't believe it!
(信じられない！)
■■□□ I can hardly* believe it!
(信じがたいですね！)

解説 incredible「信じられない」 hardly ...「ほとんど…ない」

185 『まさか！』
■■■■ **No way!**

信じられないことを耳にしたときには、「まさか！」「あり得ない！」「冗談でしょ！」などという言葉で驚きを表現することもできます。

Ⓐ: It was the same person I talked to just an hour earlier!
(それが、ちょうど1時間前に私と会話した人だったのよ！)
Ⓑ: No way!
(まさか！)

言い換えフレーズ これも覚えたい！
■■■■ Get out of here!*
(冗談でしょ！)
■■■■ You've got to be kidding!*
(冗談言わないでよ！)
■■■■ What a shocker!*
(なんてこと！)

Chapter 12　驚きの英会話フレーズ

■■■■ Knock me over with a feather!*
　　（びっくり！）

解説　Get out of here! →「ここから出ていってくれ」が直訳。転じて「バカなことを言うな」「冗談だろう」「ふざけないでくれ」といった意味で使われる。
You've got to be kidding! →「君はふざけているに違いない」が直訳。
shocker「ショックな物事」
Knock me over with a feather! →「羽1枚で僕を倒してくれ」が直訳。それほどびっくりしているという意味を表す。

186 『うわあ！』
■■■■ Wow!

驚いたときについ口から出てくるひとこともあります。「なんてこと」「なんてこった」「ああ、なんてこと」といった意味のフレーズ群です。下記の4つの言い換えフレーズはあまり品のいい言葉ではないので、聞いたときに理解できるようにしておけばいいでしょう。

Ⓐ: It turns out, the guy was a spy!
　　（その男がスパイだってことがわかったのよ！）
Ⓑ: Wow!
　　（うわあ！）

言い換えフレーズ　これも覚えたい！
■■■■ Holy shit!*
　　（なんてこった！）
■■■■ Holy Cow!
　　（なんてこった！）
■■■■ Oh my God!
　　（なんてことだ！）
■■■■ Oh, my gosh!*
　　（なんてこと！）

解説　shit「クソ；最悪の状態」　gosh = God → God と神の名を呼ぶのを避けるために言い換えた語。

187 『ショックだった！』
■■■□ I was shocked!

驚きを表す言い方でも「衝撃を受けた」「ショックだった」のように度合いの強いフレーズもあります。

Ⓐ: I was shocked!.
　　（衝撃でしたね！）
Ⓑ: I can imagine!
　　（そうだろうね！）

言い換えフレーズ　これも覚えたい！
■■■□ It came as a total shock!*
　　（完全にショックを受けたよ）

- ■■□□ It was shocking!*
  (ショッキングでしたね！)
- ■■■□ It completely* shocked me!
  (衝撃を受けた！)
- ■■□□ I was shocked to hear it!
  (それを聞いてショックだった)
- ■■□□ I was shocked by the news!
  (その知らせ、ショックだった)

解説 come as a total shock「ものすごくショックだ」 shocking「ショッキングな」 completely「完全に」

Part 34 驚いてはいないと言う
Expressing Lack of Surprise

188 『ちょっと予想外ですね』
■□□□ **That's a bit unexpected.**

まずは、「ちょっと予想外だけれど、それほど驚いているわけではない」といった程度の意味合いのフレーズから。

A: So, he says he wants to take a year from college and travel.
（で、彼ったら1年大学を休んで旅をしたいなんて言ってるの）
B: That's a bit* unexpected.*
（それはちょっと予想外だね）

言い換えフレーズ これも覚えたい！
- ■□□□ That's a bit of* a surprise.
  (ちょっと驚きましたね)
- ■■□□ That's slightly* surprising.
  (少々驚いたね)
- ■□□□ I'm somewhat* surprised.
  (ちょっと驚かされました)

解説 a bit「ちょっと；少々」 unexpected「予測されていない；想定外の」 a bit of ...「少々の…」 slightly「かすかに；わずかに」 somewhat「ある程度；ある意味」

189 『まったく驚かないね』
■■■□ **That's no surprise!**

相手の言葉に驚くべき要素がない場合の返答をチェックしましょう。「それは驚きじゃない」「まったく驚かないね」といった言い回しです。

A: John decided to move back to his hometown.
（ジョンは郷里に帰る決意をしたんですって）
B: That's no surprise. I knew he wasn't happy here.
（それは驚くことじゃないよ。彼がここに馴染んでないのはわかってた）

Chapter 12 驚きの英会話フレーズ

言い換えフレーズ これも覚えたい！

- ■■□□ That doesn't come as a surprise.
  (それは驚きじゃないですね)
- ■■□□ That's hardly* a surprise to me.
  (私にはあまり驚きではないですね)
- ■■□□ That's not surprising.
  (驚くことじゃないですよ)
- ■■□□ That's hardly surprising.
  (あまり驚きません)
- ■■■□ I'm not surprised.
  (驚きませんね)

解説 hardly ...「ほとんど…ない」

Chapter 13

怒りの英会話フレーズ

Chapter 13 怒りの英会話フレーズ

Part 35 怒りを確認するフレーズ
Checking If Someone Is Angry

CD 2-09

---

190 『怒ってます？』
■■□□ **Are you angry?**

相手がちょっとイライラしている場面で、「怒ってる？」「頭にきてるの？」「怒らせちゃった？」とたずねる言い方です。

Ⓐ: Are you angry?
　（怒ってます？）
Ⓑ: Well, I'm certainly disappointed!
　（ああ、ほんとうに失望したよ！）

言い換えフレーズ　これも覚えたい！

■■□□　Are you angry at/with me?
　　　（私のことで怒ってますか？）
■■□□　Are you furious* with me?
　　　（私のことで頭にきてるんですか？）
■■□□　Has this made you angry?
　　　（あなたを怒らせましたか？）
■■■■　Are you pissed off?*
　　　（怒ってんの？）
■■■■　Are you ticked off?*
　　　（頭にきてんの？）

解説　furious「頭にきて」　pissed/ticked off「頭にきて；カンカンになって」

---

191 『まだ怒ってますか？』
■■□□ **Are you still angry?**

相手が怒ってるのだなと感じてから、少し時間をおいて「まだ怒ってます？」と確認することもありますね。そういったフレーズをチェックしましょう。

Ⓐ: Are you still angry?
　（まだ怒ってます？）
Ⓑ: What do you think? Of course I am!
　（どう思うんだ？ もちろんまだ怒ってるさ！）

言い換えフレーズ　これも覚えたい！

■■□□　Are you not over* it yet?
　　　（まだ怒ってますか？）
■■□□　Is it still* bothering* you?
　　　（まだイライラしてますか？）
■■■□　You're still angry, aren't you?
　　　（まだ怒ってるんでしょ？）

解説 be over「乗り越える」 still「いまだに；まだ」 bother「いやな思いをさせる；イライラさせる」

Part 36 怒りを表すフレーズ
Expressing Anger and Irritation
CD 2-10

192 『超、ムカつく！』
This is so irritating!

ここからは、自分の怒りを表すフレーズを見ていきます。特徴的ないろいろな言い回しがあります。

ⓐ: This is so irritating!*
　（これ、ホントムカつく！）
ⓑ: I agree! I'm ready to just quit!
　（そうだよ！ もうやめてやろうか！）

言い換えフレーズ　これも覚えたい！

- This is getting irritating!
  （だんだんムカついてきた！）
- This is making me irritated!
  （これイライラする！）
- This is frustrating!*
  （イライラするよ！）
- I'm irritated!
  （イライラする！）
- I'm frustrated!
  （イライラする！）
- You're getting on my nerves!*
  （お前、イライラするなー！）
- This is getting on my nerves!
  （これ、イライラするなー！）
- How irritating!
  （イライラする！）
- How frustrating!
  （イライラする！）
- This is maddening!*
  （超、ムカつく！）
- This is crazy making!*
  （頭にくる！）
- This is bugging* me!
  （これ、腹立つー！）
- This is driving me crazy!*
  （これ、頭にくるー）

解説 irritating = frustrating「イライラさせる；ムカつかせる」
get on one's nerves「ムカつく；…の癪に障る」 maddening = crazy making「すごくムカつかせる」
bug「イライラさせる」 drive someone crazy「…をイライラさせる」

Chapter 13　怒りの英会話フレーズ

193　『そろそろ我慢の限界だ！』
■■■□ **I'm losing my temper!**

怒りを表すフレーズは英語には山ほどあります。すべては紹介できませんが、順を追って見ていきましょう。まずは、もうちょっとで怒りだしそうな状態でのひとこと。

Ⓐ: I'm losing my temper!*
（そろそろ我慢の限界だよ！）
Ⓑ: Don't be so angry!
（そんなに怒らないでよ！）

言い換えフレーズ　これも覚えたい！

■■■□ I can't take* much more of this!*
（もうこれ以上は我慢できん！）
■■■□ You're making me angry!
（お前が俺を怒らせてるんだよ！）
■■■■ You're pushing it!*
（ホント、ムカつくな！）
■■■■ I'm about to* blow my top!*
（もうキレそうだよ！）

解説　lose one's temper「怒る」　take「受け入れる」　much more of this「これ以上を」
push it「イラつかせる」　be about to …「…しそうだ」　blow one's top「カンカンに怒る」

194　『もう我慢ならない！』
■■■□ **I have had it up to here!**

イライラしていてもまだ我慢できていたものが、ついに限界まで来てしまったときの表現をチェックしましょう。怒りだす瞬間のひとことです。

Ⓐ: I have had it up to here!*
（もう十分よ！）
Ⓑ: I know! I feel exactly the same!
（そうだ！俺もだよ！）

言い換えフレーズ　これも覚えたい！

■■■□ I have had it up to here with you!
（もうお前には我慢ならない！）
■■■□ I've reached my limit!*
（もう我慢ならん！）
■■■■ I've had it!*
（もう十分だ！；キレた！）
■■■■ I'm fed up!*
（もううんざりだ！）
■■■■ I'm sick of it!*
（もううんざりだ！）
■■■■ I'm sick and tired of this!*
（反吐が出るほどうんざりだ！）

■■■□ This is the last straw!*
　　（もうキレた！）
■■■□ I can't take any more of this!*
　　（もう我慢ならん！）

解説 have had it up to here →「ここのところまで十分に受け取った」が直訳。要するにこれ以上は我慢できないという意味。
reach one's limit「我慢の限界に達する」　have had it「十分だ」
be fed up = be sick of it = be sick and tired of this「うんざりだ」
the last straw「最後の藁の一本」=「我慢の限界」
can't take any more of this「もうこれ以上は受け入れられない」=「我慢ならない」

195　『もう怒った！』
■■■□ **I'm furious!**

このUnitと次のUnitで、怒りを率直に表す言い回しをチェックしていきましょう。

Ⓐ: I'm furious!*
　　（もう怒った！）
Ⓑ: Believe me, I know how you feel!
　　（そりゃそうだよねー！）

言い換えフレーズ　これも覚えたい！
■■□□ I'm furious with you/him!
　　（もう怒った！）
■■■□ I'm so angry!
　　（超、頭にきた！）
■■■□ My blood is boiling!*
　　（頭にくるー！）
■■■□ I'm so angry I could scream!*
　　（怒りで叫びだしそうだ！）
■■■■ I am so pissed off!*
　　（超、ムカつく！）
■■□□ I've never been so angry!
　　（これほど怒りを感じたことはないよ！）

解説 furious「カンカンに怒った」　boil「沸騰する」　scream「叫ぶ」　pissed off「ムカついて；腹を立てて」

Chapter 13 怒りの英会話フレーズ

196 『怒ったぞ！』
■■□□ **This has really got me upset!**

怒りの表現には upset（怒った；動転した；取り乱した）という形容詞を使う場合もあります。まとめておきましょう。

Ⓐ: This has really got me upset!*
　（これは、ほんとうに頭にくるよ！）
Ⓑ: I see that. I'm so sorry!
　（わかります。ホントにすみません！）

言い換えフレーズ これも覚えたい！

■■□□ This has really made me upset!*
　（これは、ほんとうに頭にくる！）
■■■□ I'm so upset!
　（ものすごく頭にきてるよ！）
■■■□ I'm so upset with you!
　（お前は、ほんとうに頭にくる！）

解説 get/make me upset「ムカつかせる；怒らせる」

Part 37 怒りを制止するフレーズ
Attempting to Defuse Anger
CD 2-11

197 『落ち着きなよ』
■■□□ **Don't lose your temper.**

相手がなにかで頭にきているとき、それをなだめ、制止する言い回しをチェックしていきましょう。

Ⓐ: I'm furious!
　（もう怒ったぞ！）
Ⓑ: Don't lose your temper.*
　（落ち着きなさいよ）

言い換えフレーズ これも覚えたい！

■■■□ Take it easy.
　（落ち着きなよ）
■■■□ Calm down.*
　（落ち着きなよ）
■■□□ Settle down.*
　（落ち着いて）
■■□□ Don't fly off the handle!*
　（落ち着いて！）

解説 lose one's temper「怒りだす；キレる；カンカンになる」 calm down「静まる」 settle down「落ち着く」 fly off the handle「カッとなる；怒る」

Part 37　怒りを制止するフレーズ

198　『冷静に』
■■□□ **Cool off!**

Unit 197 の類似表現で、もっとスラングっぽいものをもう少し見ていきましょう。

Ⓐ: I'm so angry I could scream!
　（怒りで叫びだしそうだ！）
Ⓑ: Cool off!
　（落ち着きなさいよ！）

言い換えフレーズ　これも覚えたい！

■■■■ Don't have a cow!*
　（そう騒ぐなよ！）
■■■■ Cool off!*
　（落ち着けよ！）
■■■■ Chill!*
　（落ち着け！）
■■■■ Chill out!*
　（落ち着け！）
■■■■ Don't lose it!*
　（落ち着けよ！）
■■■■ Whoa!*
　（まあまあ！）

解説 have a cow「怒りで大騒ぎする」　Cool off! = Chill! = Chill out!「冷静に；落ち着け」
lose it「怒る；カッとなる」　Whoa!（ウォウ）→ 馬を制するときのかけ声から意味が転じたもの。

Chapter 14

意気消沈の英会話フレーズ

Part 38 落胆の気持ちをたずねるフレーズ
Asking about Bad Feelings

199 『がっかりしてる？』
■■□□ **Do you feel let down?**

このチャプターでは、がっかりしている気持ちや意気消沈した気持ちを表すフレーズを見ていきます。まずは、相手のがっかりな気持ちを確認する言い回しです。

A: I'm sorry about the interview. Do you feel let down?*
（面接、残念だったね。がっかりしてる？）

B: A little. But I'll be okay.
（ちょっとね。でも大丈夫だよ）

言い換えフレーズ これも覚えたい！

- ■■□□ Are you disappointed?*
（がっかりしてる？）
- ■■□□ You must be so disappointed.
（すごくがっかりでしょうね）
- ■■□□ I bet you're really disappointed, aren't you?
（すごくがっかりしているんでしょうね）
- ■■□□ That must feel like such a letdown.*
（すごく残念な気持ちでしょうね）
- ■□□□ That must be such a disappointment.
（それはとても残念でしょうね）

解説 feel let down「がっかりする；失望する；落ち込む」 be disappointed「がっかりする」 letdown「失望；がっかりな物事」

200 『どうしたの？』
■■□□ **What's wrong?**

がっかりしたり、落ち込んでいる人にかけてあげる言葉には、「どうしたの？」「大丈夫」といった気遣いのフレーズもあります。

A: What's wrong?*
（どうしたの？）

B: Oh, I'm just having a bad day.
（うん、ちょっと今日はついてないだけ）

言い換えフレーズ これも覚えたい！

- ■■□□ What's the matter?*
（どうしたの？）
- ■■□□ Are you okay?
（大丈夫？）
- ■■□□ What's got you down?*
（どうして落ち込んでるの？）

Chapter 14 意気消沈の英会話フレーズ

- ■■□□ What's made you so sad?*
  (なにがそんなに悲しいの？)
- ■■□□ What is making you so sad?
  (どうしてそんなに悲しんでるの？)

解説 What's wrong?「どうしたの？」→ 直訳は「なにが悪いのか？」。
What's the matter?「どうしたの？」→ 直訳は「なにが問題なの？」。
get someone down「…を落ち込ませる」 make someone sad「…を悲しませる」

---

201 『ブルーな気分なの？』
■■□□ **Are you feeling blue?**

落ち込んでふさぎ込んでいる状態を feel blue（ブルーな気分だ；落ち込んでいる）と表現することもあります。

Ⓐ: **Are you feeling blue?***
　（ブルーな気分なの？）
Ⓑ: **Yes, sort of.**
　（うん、まあね）

言い換えフレーズ　これも覚えたい！

- ■■□□ Are you feeling down?*
  （落ち込んでるの？）
- ■■□□ Are you down* about it?
  （そのことで落ち込んでるの？）
- ■■□□ Are you sad* about it?
  （そのことで悲しんでるの？）
- ■■□□ Does it make you sad?
  （それで悲しいの？）

解説 feel blue = feel/be down「落ち込む；気分がふさぎ込む」 sad「悲しい」

---

202 『とても悲しそうだね』
■■□□ **You seem so sad.**

相手の表情や様子を見て、「悲しそうに見えるね」「落ち込んでるみたいだね」と声をかけるフレーズもあります。

Ⓐ: **You seem so sad.***
　（とても悲しそうだね）
Ⓑ: **Do I? I guess I am.**
　（私？そうかもしれない）

言い換えフレーズ　これも覚えたい！

- ■■□□ You look so blue.*
  （とても落ち込んでるみたいだけど）

■■■□ Such a sad face!*
(とても悲しい顔をしてるわね！)

解説 seem sad「悲しそうに思える；見える」 look blue「落ち込んで見える」 sad face「悲しい顔」

Part 39 落胆、落ち込み、悲しみのフレーズ
Expressing Sadness and Disappointment
CD 2-13

203 『とてもがっかりしてます！』
■■□□ **I'm really disappointed!**

「残念だ」「がっかりしている」「落胆している」と伝える言い方をチェックしていきましょう。

Ⓐ: I'm really disappointed!*
　　(とてもがっかりです！)
Ⓑ: I can imagine!
　　(わかりますよ！)

言い換えフレーズ これも覚えたい！

■■■□ I'm so disappointed!
　　(すごくがっかり！)
■■■□ I feel so let down!*
　　(すごく残念！)
■■■■ I'm so/really bummed!*
　　(超、がっかりだよ！)
■■■■ This has bummed me out.*
　　(ホント、がっかりした)

解説 be disappointed「がっかりしている」
feel let down「がっかりしている；落胆している；残念に思っている」
bummed「がっかりして；落ち込んで」 bum out「がっかりさせる；落ち込ませる」

204 『ショックです！』
■■■□ **I'm shocked!**

ひどいことを経験した人が強い落胆やショックに言及するフレーズを見ていきます。

Ⓐ: I'm shocked!*
　　(ショックだよ！)
Ⓑ: We all are! But we'll get over it!
　　(みんなそうだよ。でも、乗り越えていこう！)

言い換えフレーズ これも覚えたい！

■■■□ How will I ever get over* this?
　　(どうやって乗り越えればいいんだろう？)

Chapter 14 意気消沈の英会話フレーズ

- ■■■□ This is the biggest disappointment* of my life!
  (こんなに落胆したことないよ！)
- ■■□□ It doesn't even seem real!*
  (現実とも思えないよ！)
- ■■□□ It's like a nightmare!*
  (悪夢のようだ！)
- ■■□□ I'm crestfallen!*
  (落胆しています！)

解説　shocked「ショックを受けた」　get over「乗り越える」　disappointment「残念なこと；失意；落胆」　real「現実」　nightmare「悪夢」　crestfallen「しゅんとした；意気消沈した；落胆した」

205 『すごく悲しい！』
■■□□ **I feel so sad!**

悲しみや落ち込みを表すひとことをチェックしましょう。

Ⓐ: **I feel so sad.***
　(すごく悲しいの！)
Ⓑ: **Why? What happened?**
　(どうして？ なにがあったんだい？)

言い換えフレーズ　これも覚えたい！

- ■■■□ I'm sad.
  (悲しい)
- ■■■□ I'm blue.*
  (落ち込んでる)
- ■■■□ I'm so blue.
  (すごく落ち込む)
- ■■■□ I feel like crying.*
  (泣いちゃいそう)
- ■■■□ I'm really down.
  (すごく落ち込む)
- ■■□□ My heart is broken.*
  (悲しくて仕方がないの)
- ■■□□ I'm heartbroken.*
  (悲しくて仕方がないの)

解説　sad「悲しい」　blue「落ち込んだ；落胆した；ブルーな」　feel like crying「泣きたい気持ちだ」　broken「壊れた」　heartbroken「悲嘆に暮れた；心が張り裂けた」

Part 40 大丈夫、たいしたことないと言うとき
Saying It's Okay

206 『たいしたことではないよ』
It's no big deal.

「落胆している?」とたずねられたときに、「いや、たいしたことないよ」などと返答したいときのフレーズを確認しておきましょう。

A: Are you really disappointed?
(すごく残念でしょ?)
B: Not really. It's no big deal.*
(そうでもないよ。全然たいしたことはないよ)

言い換えフレーズ これも覚えたい!

- (It's) no biggie.*
  (たいしたことないさ)
- I'm not all that* disappointed.
  (そんなに落ち込んではないですよ)
- I didn't have my hopes up* to begin with.*
  (そもそも、それほど期待してませんでしたし)
- I wasn't really expecting it to begin with.
  (最初からさほど期待はしていませんでしたよ)
- Life goes on.*
  (人生なるようになるさ)
- It's not the end of the world.*
  (世界の終わりじゃあるまいし)

解説 be no big deal「たいしたことではない」 big deal = biggie「一大事」
be not all that ...「それほど…ではない」 have one's hopes up「期待を高くもつ」
to begin with「当初から」 go on「進む;続く」 end of the world「世界の終わり」

207 『僕は立ち直るから!』
I'll bounce back!

ネイティヴは「自分なら大丈夫」「すぐに立ち直るから」といった言葉を使います。自分を強く保っていられると同時に、心配してくれる相手を安心させることもできます。

A: It's okay. I'll bounce back!*
(大丈夫。僕は立ち直るから!)
B: Sure you will!
(もちろんそうだよね!)

言い換えフレーズ これも覚えたい!

- I'll land on my feet!*
  (僕なら大丈夫さ!)

Chapter 14 意気消沈の英会話フレーズ

- ■■■□ I'll be okay!
  (僕は大丈夫さ！)
- ■■□□ I'm not going to let this get to me!*
  (こんなの平気ですよ！)
- ■■□□ This won't keep me down* for long!
  (長くは落ち込みませんから！)

解説 bounce back「立ち直る」 land on one's feet「立ち直る；切り抜ける」
let this get to me「自分に影響を与えさせる」 keep someone down「…を落ち込ませる」

Chapter 15

心配、緊張、恐怖のフレーズ

Chapter 15 心配、緊張、恐怖のフレーズ

Part 41 心配、緊張、恐れをたずねる
Asking about Worry, Fear and Anxiety

CD 2-15

208 『このことで心配しているの？』
■■□□ **Has this got you worried?**

このチャプターでは、心配や緊張、恐れなどの表現を見ていきます。まず最初は、心配顔の相手にかけてあげるひとことからスタートです。

Ⓐ: Has this got you worried?*
　（このことで心配しているの？）
Ⓑ: Yes, frankly.
　（ええ、正直そうなんです）

言い換えフレーズ これも覚えたい！

■■□□ Are you worried about it?
　（そのことを心配しているの？）
■■□□ You seem* worried.
　（心配そうですね）
■■■□ It's bugging* you, isn't it?
　（悩んでるの？）
■■■□ You must be* worried.
　（心配に違いないね）

解説 get someone worried「…を心配にする」　seem …「…のように見える」
bug「悩ませる；落ち着かなくする」　must be …「…に違いない」

209 『不安なの？』
■■■□ **Are you nervous?**

緊張したり、神経が高ぶったりすることを nervous という形容詞で表現します。

Ⓐ: Are you nervous?*
　（不安になってる？）
Ⓑ: A little. But I'll be okay.
　（ちょっとね。でも大丈夫）

言い換えフレーズ これも覚えたい！

■■■□ Are you nervous about it?
　（不安なの？）
■■■□ Are you anxious?*
　（心配なの？）
■■□□ Are you jittery?*
　（不安？）

解説 nervous「緊張した；不安な」　anxious「心配な；不安な」　jittery「不安な；神経過敏の；緊張した」

210 『恐いの？』
Are you scared?

相手が恐がっているのかどうかをたずねる英語表現も確認しておきましょう。

A: Are you scared?*
（恐いの？）
B: Yes, I am, in fact.
（ええ、実はそうなの）

言い換えフレーズ これも覚えたい！
- Are you afraid of* what will happen?*
  （どうなるのか恐れてるの？）
- Is it scaring* you?
  （恐がっているの？）
- Is it making you scared?
  （恐がってる？）

解説 be scared「恐い」 be afraid of …「…を恐れている」
what will happen「（これから）起こること」 scare「恐がらせる；恐れさせる」

Part 42 心配、緊張、恐れを伝えるフレーズ
Expressing Worry, Fear and Anxiety
CD 2-16

211 『心配なんです』
I'm worried.

心配しているときのコメントフレーズを紹介しましょう。

A: I'm worried.*
（心配なんです）
B: Don't be. It will turn out okay.
（心配ないよ。大丈夫ですよ）

言い換えフレーズ これも覚えたい！
- I'm really worried.
  （ホントに心配なんです）
- This has got me really worried.*
  （すごく心配しているんです）
- I'm really starting to* worry.
  （すごく心配になってきてます）
- I'm wondering if* something's gone wrong.*
  （なにかうまくいかなかったのではと心配なんです）
- I'm wondering if things have gone badly.*
  （うまくいかないのではと心配です）

解説 be worried「心配する」 get someone worried「…を心配させる」 start to …「…し始める」
I'm wondering if …「…ではないだろうかと思う」 go wrong「うまくいかない」
go badly「悪いほうへ進む；失敗する」

Chapter 15 心配、緊張、恐怖のフレーズ

212 『…が心配です』
■■□□ I'm afraid that ...

受験でもよく登場した、I'm afraid/worried that ...「…を恐れている」、I fear that ...(…を恐れている)といった言い方でも、恐れや不安を表現することが可能です。

Ⓐ: I'm afraid that something's gone wrong.
　(なにかがうまくいかないのではと恐れています)
Ⓑ: Listen, it's too early to tell.
　(いいかい、そう判断するのは、まだ早すぎるよ)

言い換えフレーズ これも覚えたい！

- ■■□□ I'm afraid of what might happen.*
　(これから起こりそうなことを恐れています)
- ■■□□ I'm worried that I won't pass* the test.
　(試験に通らないのではと心配しています)
- ■■□□ I fear that I might not pass the test.
　(試験に通らないのではと恐れています)
- ■■□□ I have a concern* that he'll steal my idea.
　(彼がアイデアを盗むんじゃないかと心配しています)
- ■□□□ I'm concerned about* the safety of this neighborhood.
　(近隣の安全を懸念しています)

解説 what might happen「(これから)起こるかもしれないこと」 pass「通る；通過する；合格する」 have a concern「心配がある」 be concerned about ...「…について心配だ；懸念がある」

213 『心配で落ち着きません』
■■■□ I've got an uneasy feeling.

なにかが気にかかって落ち着かない様子を表現するときには、uneasy (落ち着かない；不安な) といった形容詞を使います。そのほかの言い方も併せて見ておきましょう。

Ⓐ: I've got an uneasy feeling.*
　(心配なんです)
Ⓑ: Me too. I hope everything is okay.
　(私もですよ。すべてうまくいくといいですね)

言い換えフレーズ これも覚えたい！

- ■■□□ I'm feeling uneasy.*
　(心配で落ち着きません)
- ■□□□ I'm ill at ease.*
　(不安で落ち着きません)
- ■■■□ I've got a bad feeling* about this.
　(なんだか悪い予感がするのです)
- ■■□□ Something tells me* this isn't good.
　(なにかがおかしいと思うんです)
- ■■□□ Something tells me I should be worried.
　(なぜだか心配なんです)

Part 42 心配、緊張、恐れを伝えるフレーズ

解説 get an uneasy feeling「心配で落ち着かない気分だ」 feel uneasy「心配で落ち着かない」 ill at ease「不安な；落ち着かない」 bad feeling「悪い感じ；悪い予感」 something tells me ...「なにかが私に…だと知らせる」

214 『心配でなりません』
■■□□ **I can't calm down.**

引き続き心配で心が落ち着かないときの言い回しを覚えましょう。

Ⓐ: I can't calm down.*
　（心配でなりません）
Ⓑ: You have to try. Take a few deep breaths.
　（がんばって。何度か深呼吸をしなさいよ）

言い換えフレーズ これも覚えたい！
■■□□ I can't stop worrying.*
　（心配で仕方ないんです）
■■□□ I can't stop thinking about it.
　（考えが頭から離れません）
■■□□ I can't put my mind at ease.*
　（不安で落ち着かないんです）
■■□□ I just keep going over* it (again and again).
　（何度も考えてしまうんです）
■■□□ My mind's just going around in circles.*
　（何度も同じ考えが頭を巡るんです）

解説 calm down「安心して落ち着く」 stop worrying「心配するのをやめる」 put one's mind at ease「心を落ち着ける」 go over「何度も考える」 go around in circles「ぐるぐる巡る」

215 『不安なんです！』
■■□□ **I'm anxious!**

今度は、緊張などから過敏になったり不安になったときの気持ちを表す言い方をチェックしていきましょう。

Ⓐ: I'm anxious!*
　（不安なんですよ！）
Ⓑ: I understand. But I'm sure it's okay.
　（わかりますけど、きっと大丈夫ですよ）

言い換えフレーズ これも覚えたい！
■■□□ I'm nervous* about this.
　（不安なんです）
■■□□ This has got me on edge.*
　（不安なのです）

Chapter 15 心配、緊張、恐怖のフレーズ

- ■■■□ This is making me jittery.*
  (不安なの)

解説 anxious「心配な；不安な」 nervous「緊張した；不安な」 on edge「不安で」
jittery「不安な；神経過敏の；緊張した」

216 『ものすごく緊張する！』
■■■■ I've got the jitters!

この Unit では、不安や緊張でドキドキしているときの切羽詰まった状態を表現する英語表現を紹介します。Unit 215 のフレーズをさらに強くした言い方です。

Ⓐ: I've got the jitters!*
   (すごく緊張するっ！)
Ⓑ: I'm sure you do! But you'll be okay!
   (そうでしょうね！でも大丈夫よ！)

言い換えフレーズ これも覚えたい！

- ■■■□ I have stage fright!*
  (あがっちゃってる！)
- ■■■□ I'm all nervous!
  (ドキドキする！)
- ■■■□ I'm really sweating* this!
  (冷や汗が出てくる！)
- ■■□□ I've got butterflies (in my stomach)!*
  (緊張してます！)
- ■■□□ I'm all on edge.*
  (不安で仕方ないんです)
- ■■□□ This has got me nervous.
  (すごく不安です)

解説 jitters「緊張；ドキドキの状態」 have stage fright「(出番の前に) 緊張する」
sweat「冷や汗をかく；緊張する」 get butterflies in one's stomach「緊張でドキドキする」
be all on edge「完全に緊張している」

217 『ゾッとする！』
■■■■ This gives me the creeps!

「ゾッとする」「恐ろしい」など、恐怖から湧きだしてくる気持ちを表現する言い回しです。怪談など恐い話を聞いたりしてゾッとしたときなどに使ってみましょう。

Ⓐ: This gives me the creeps!*
   (ゾッとする！)
Ⓑ: Me too. Let's just go!
   (僕もだよ。もう行こう！)

Part 42 心配、緊張、恐れを伝えるフレーズ

言い換えフレーズ これも覚えたい！

- This gives me the willies!*
  （ゾッとする！）
- This gives me the chills!*
  （ゾッとする！）
- This gives me goosebumps!*
  （鳥肌が立っちゃう！）
- I'm really spooked* by it!
  （恐い！）

解説 give someone the creeps/willies/chills「…を恐がらせる」
goosebumps「鳥肌」 spooked「(幽霊などに) おびえた」

---

218 『恐ろしい！』
I'm scared!

なにかがとても恐いとき、なにかを心底恐れているときの率直な表現をもう少し見ていきましょう。

Ⓐ: I'm scared!*
　（恐いのよ！）
Ⓑ: I know. It's pretty scary.
　（そうだね。かなり恐いよ）

言い換えフレーズ これも覚えたい！

- I'm afraid of* snakes.
  （蛇が恐いんです）
- I'm terrified.*
  （凍りつきそう）
- I'm scared/terrified about what will happen.
  （これから起こることが恐ろしい）
- This has really got me scared.
  （ほんとうに恐ろしい）

解説 scared「恐がって」 be afraid of …「…が恐い；恐ろしい」 terrified「恐れおののいて」

Chapter **16**

思いやりの英会話フレーズ

Part 43　同情の気持ちを伝えるフレーズ
Expressing Sympathy

CD 2-17

219 『それは残念だね』
■■■□ **That's too bad.**

「残念でしたね」「お気の毒でしたね」と相手への同情を伝える言い方の基本フレーズを身につけましょう。

Ⓐ: I didn't get the job after all.
　（結局、仕事はダメだったよ）
Ⓑ: Ah. That's too bad.*
　（ああ、それは残念だったね）

言い換えフレーズ　これも覚えたい！

■■□□　I'm sorry to hear that.
　　　（それは残念ですね）
■■■□　That's awful!*
　　　（それはひどいね！）
■■■□　That's terrible!*
　　　（それはひどい！）
■■■□　What a shame!*
　　　（ものすごく残念だね！）
■■■■　That sucks!*
　　　（ムカつくね！）

解説　too bad → 直訳は「すごく悪い」となる。　awful = terrible「ひどい」　shame「残念；遺憾」　suck「ムカつく」

220 『かわいそうに！』
■■■□ **You poor thing!**

「かわいそうに！」「まあ、かわいそう」といったニュアンスの共感表現もチェックしておきましょう。男性よりも、比較的女性の使用頻度の高いフレーズです。

Ⓐ: I need to spend another week in the hospital.
　（もう1週間、病院で過ごさないとダメなんだ）
Ⓑ: You poor thing!*
　（ああ、かわいそうに！）

言い換えフレーズ　これも覚えたい！

■■■□　You poor dear!*
　　　（まあ、かわいそうに！）
■■■□　Poor baby!*
　　　（かわいそう！）

解説　poor thing/dear/baby「かわいそうな人」

Chapter 16 思いやりの英会話フレーズ

221 『運がなかったね』
That's a tough break.

「運が悪かったね」のような言い方で、相手への同情の気持ちを表すこともあります。

Ⓐ: I have to retake the class after all.
（結局、その授業は再履修になったんだ）
Ⓑ: That's a tough break.*
（ああ、それは運がなかったね）

言い換えフレーズ これも覚えたい！
- That's tough luck!*
 （運が悪いよね！）
- That's rough.*
 （それはつらいところだね）

解説 a tough break「運のないこと」 tough luck「運の悪い」 rough「つらい；厳しい」

222 『すごく動転しているでしょうね』
I know how upset you must feel.

英語では、相手と同じ気持ちになって、同情の言葉をかけてあげることもよくあります。

Ⓐ: I know how upset* you must feel.
（すごく動転しているんだろうね）
Ⓑ: I could just cry!
（涙が出そうよ！）

言い換えフレーズ これも覚えたい！
- I know how hard* this must be for you.
 （すごくつらいことでしょうね）
- I can really feel for* you.
 （気持ちはよくわかります）
- I feel almost as bad as* you do!
 （私もつらいわ！）
- I just feel awful* for you.
 （私もすごくつらいわ！）
- I'm just so sad to hear that.
 （それは、とても悲しいことです）
- I can sympathize.*
 （同情します）
- I sympathize.
 （同情するわ）

解説 upset「動転して」 hard「つらい」 feel for ...「…に同情する」
   as bad as you「あなたと同じくらいひどく」 feel awful「つらい」 sympathize「同情する」

223 『わかるわ』
I can relate.

相手の悩みに同調する言い回しにもまだまだバリエーションがあります。「自分も同類だ」「前に同じ経験がある」といった言い方も覚えておきましょう。

Ⓐ: I just can't get used to my new job.
(どうしても仕事に慣れないのよ)
Ⓑ: I can relate.* It's hard at first.
(わかるよ。最初は難しいよね)

言い換えフレーズ これも覚えたい！

- I've been there* too.
  (私も経験あるわ)
- We've all been there.
  (みんなが通る道なのよ)
- We're in the same boat!*
  (私も同じ境遇よ！)

解説 relate「想像がつく；気持ちがわかる」 have been there「そこにいた」
in the same boat「同じ境遇で」

Part 44 気遣い、元気づけるフレーズ
Cheering Up Others
CD 2-18

224 『大丈夫かい？』
Are you going to be okay?

気遣い、元気づけるフレーズをチェックしましょう。まず最初は、「大丈夫？」とやさしく声をかける言い方です。

Ⓐ: Are you going to be okay?*
(大丈夫かい？)
Ⓑ: I will, thanks. I just need a little time to get over it.
(ええ、ありがとう。乗り越えるのにちょっと時間が必要なだけ)

言い換えフレーズ これも覚えたい！

- Are you (going to be) all right?*
  (大丈夫？)
- Do you think you'll be okay?
  (大丈夫なのかい？)
- Are you feeling any better?*
  (少し気分はよくなった？)
- Are you starting to* feel better?
  (気分、よくなってきた？)
- Are your spirits* starting to pick up?
  (元気は出てきたかい？)

Chapter 16　思いやりの英会話フレーズ

■■□□ Are you over the worst* of it?
　　　（少しはよくなった？）

解説 okay = all right「大丈夫」　feel better「気分がよくなる」　start to …「…し始める」　spirits「精神」
over the worst「最悪を越えて」

225　『元気を出して！』
■■■□ **Cheer up!**

元気のない人に向かって、「元気を出して！」「上を向いて」と応援するフレーズを見ていきましょう。

Ⓐ: **Cheer up!*** It'll be okay.
　　（元気出してよ。大丈夫だよ）
Ⓑ: Thanks. I'll try.
　　（ありがとう。がんばるよ）

言い換えフレーズ　これも覚えたい！

■■■□ Chin up!*
　　　（上を向いて！）
■■■□ There there.
　　　（よしよし）
■■■□ Don't take it so hard!
　　　（そんなに思い詰めないで）
■■□□ Don't take it personally.*
　　　（自分を責めないで）
■■□□ Stay positive!*
　　　（ポジティヴにね！）
■■□□ Try to look on the bright side.*
　　　（物事のいい面を見ましょうよ）
■■□□ Try to see the bright side.
　　　（物事のいい面を見ましょうよ）

解説 cheer up「元気を出す」　chin up「(勇気を出して) 上を向く」　personally「個人的に」
stay positive「ポジティヴでいる」　on the bright side「明るい面を」

226　『心配ないさ！』
■■■□ **Don't worry!**

相手の心配を取り払ってあげたいときには、ここで紹介する表現を用いてみましょう。

Ⓐ: I just don't feel good about this.
　　（ちょっとこのことで気分がよくないの）
Ⓑ: **Don't worry!*** I'm sure it's okay.
　　（心配ない。大丈夫だよ）

言い換えフレーズ これも覚えたい！

- ■■■☐ Try not to* worry!
  （心配しないようにね！）
- ■■☐☐ Don't think too much about it!
  （あまり気にしてはダメですよ）
- ■■☐☐ Don't give it another thought.*
  （もう考えないようにしなさいね）
- ■■☐☐ There's nothing to* worry about.
  （心配することはないですよ）
- ■■☐☐ You don't need to worry.
  （心配する必要はありませんよ）
- ■■☐☐ Don't let it get to* you.
  （あまり気に病まないで）
- ■■☐☐ Don't fret.*
  （気に病まないでね）

解説 worry「心配する」 try not to …「…しないように心がける」
give it another thought「再び考える」 There's nothing to …「…するものはなにもない」
let it get to …「…に影響を与えさせる；…を悩ませる」 fret「悩む；思い煩う；腐心する」

---

227 『君なら大丈夫』
■■■☐ You'll be okay.

「君なら大丈夫」と相手の強さへの信頼を示しながら元気づける言い回しもあります。

🅐: You'll be okay. I just know!
　　（君は大丈夫さ。僕にはわかるよ！）
🅑: Thanks. It helps to hear you say that.
　　（ありがとう。そう言ってもらえると力が湧くわ）

言い換えフレーズ これも覚えたい！

- ■■■☐ You'll be all right.
  （君なら大丈夫さ）
- ■■☐☐ You'll get through* this.
  （君なら乗り越えられますよ）
- ■■☐☐ You'll land on your feet.*
  （君なら大丈夫ですよ）
- ■■☐☐ I'm sure you'll be okay.
  （君ならきっと大丈夫さ）
- ■■■☐ It'll be okay.
  （大丈夫だよ）
- ■■☐☐ It'll all work out* (somehow).*
  （[なんとか] 全部うまくいきますよ）
- ■■☐☐ Everything will work out okay.
  （全部うまくいきますよ）
- ■■☐☐ Everything will turn out fine.*
  （全部いい結果になりますよ）

Chapter 16 思いやりの英会話フレーズ

解説 get through「乗り越える」 land on one's feet「(困難などを)乗り越える」 work out「うまくいく；解決する」 somehow「なんとか；どうにかこうにか」 turn out fine「いい結果になる」

---

228 『そのうちチャンスが来るよ！』
■■■□ **You'll get your chance!**

なにかでうまくいかなかった人に、「そのうちなんとかなる」「次は大丈夫だ」と声をかけてあげる言い回しを覚えましょう。

A: I came in close to last!
（ゴールしたのは、ビリに近かったんだよ！）
B: Don't worry, you'll get your chance!*
（心配ないさ。そのうちチャンスが来るよ！）

言い換えフレーズ これも覚えたい！

■■■□ You'll get 'em* next time!
（今度はうまくいくよ）
■■□□ There will be other* chances!
（またチャンスはあるよ！）
■■□□ You'll have more chances!
（もっとチャンスはあるよ！）
■■□□ There will be plenty more* chances!
（チャンスはいくらでもあるよ！）

解説 chance「チャンス」 get 'em = get them「チャンスをつかむ」 other「ほかの」 plenty more「もっとたくさんの」

---

229 『ついてなかっただけさ』
■■■□ **It just wasn't your day.**

「単純についてなかっただけだ」「運が悪かっただけだよ」と、運や不運を引き合いに出しながら相手を慰める言い方もあります。

A: I blew it!
（失敗しちゃった！）
B: Hey, it just wasn't your day.*
（おいおい、ただ、ついてなかっただけだよ）

言い換えフレーズ これも覚えたい！

■■□□ Your luck wasn't in.*
（ついてなかったんだよ）
■■■□ You just had some bad luck.*
（ちょっと運が悪かっただけさ）
■■■□ You just didn't get the breaks.*
（運をつかめなかっただけだよ）
■■■□ Better luck next time!*
（次の幸運を祈ってるよ！）

■■□□ It wasn't your time.
　　（君の番じゃなかっただけさ）

解説 be not one's day「ついてない日だ」　luck wasn't in「運が入ってこなかった」
bad luck「運の悪いこと；ついてないこと」　breaks「運」
Better luck next time! → Wish you better luck next time. の短縮。

230 『どんなときにも希望はあるさ』
■■□□ **Every cloud has a silver lining.**

「単純についてなかっただけだ」「運が悪かっただけだよ」と、運や不運を引き合いに出しながら相手を慰める言い方もあります。

Ⓐ: Don't feel so bad. Every cloud has a silver lining.*
　　（そんなに気を落とさないで。どんなときにも希望はあるさ）
Ⓑ: That's true.
　　（そのとおりね）

言い換えフレーズ　これも覚えたい！

■■□□ Some good will come of it.*
　　（そこからいいことにつながっていくよ）
■■□□ Life has its ups and downs.*
　　（人生楽ありゃ苦もあるさ）
■■□□ Things don't always fall our way.*
　　（いつでも自分の思いどおりにはならないよ）

解説 Every cloud has a silver lining. → 直訳は「どの雲にも、銀の裏地がついている」。どんな悪いときにも、必ず希望の光はあるという意味。
come out of it「そこから生まれる」　ups and downs「上り坂と下り坂」
fall someone's way「…の思いどおりにいく」

Part 45　忘れてしまいなさいと伝える
Telling Someone to Let Go of the Past

231 『もう考えないようにね！』
■■□□ **Try not to think about it!**

なにかで悲しんだりしている人に、「もうそれ以上考えるのはやめなさい」「考えないようにしたほうがいいよ」とアドバイスする言い回しです。

Ⓐ: Try not to* think about it!
　　（もう考えないようにしたほうがいいよ）
Ⓑ: Yeah, I know it doesn't do any good.
　　（うん、なんにもならないことは、わかってるんだけどね）

言い換えフレーズ　これも覚えたい！

■■□□ Try not to think so much about it.
　　（あまり考え込まないようにしなさい）

Chapter 16　思いやりの英会話フレーズ

- ■■□□ Try to think about something else.*
  （ほかのことを考えるようにしなさい）
- ■■□□ Try to take your mind off it.*
  （別のところに考えを移しなさい）
- ■■□□ Don't just keep turning it over and over.*
  （何度も何度も考え込むのはやめなさい）
- ■■□□ Don't just keep fretting over* it.
  （悩み続けるのはやめなさいよ）

解説　try not to ...「…しないようにしなさい」　something else「なにか別のこと」
take one's mind off it「そこから考えを離す」
turn it over and over「（フライパンのように）何度もひっくり返す」→ 何度も繰り返し考える。
keep fretting over ...「…のことで悩み続ける」

232　『もう忘れなさい！』
■■■□ **Just forget it!**

前の Unit よりもはっきりと、「もう忘れてしまいなさい」と進言するひとこと。済んだことはくよくよ考えず、忘れてしまったほうがいい場合も多いですね。

Ⓐ: I did a really bad job!
　（ひどい仕事をしちゃった！）
Ⓑ: Just forget* it!
　（もう忘れなさい！）

言い換えフレーズ　これも覚えたい！

- ■■□□ Leave* it in the past!*
  （もう過ぎたことだよ！）
- ■■□□ It's done. Now just move on.*
  （もう終わったんだ。前に進もうよ）
- ■■□□ What's done* is done.
  （終わったことは終わったことさ）

解説　forget「忘れる」　leave「残す；置いてくる」　in the past「過去に」　move on「先へ進んでいく」
what's done「終わったこと」

Part 46　自分は大丈夫と、元気を出すフレーズ
Saying You're Okay
CD 2-20

233　『僕は大丈夫』
■■■□ **I'm okay.**

つらいことのあとで慰められたとき、「自分はもう大丈夫」「だいぶ落ち着いたよ」などと返事をする場合の英語表現を見ていきます。

Ⓐ: Are you feeling any better　（少し気分はよくなった？）
Ⓑ: Yeah, I'm okay. Thanks for being so kind.
　（うん、大丈夫だよ。やさしくしてくれてありがとう）

Part 46 自分は大丈夫と、元気を出すフレーズ

言い換えフレーズ これも覚えたい！

- ■■□□ I feel much better* now.
  (いまはずっといい気分だよ)
- ■■□□ I'm starting to feel (a lot) better.
  ([ずっと] いい気分になってきてる)
- ■■■□ I'm getting over* it.
  (立ち直ってきてるよ)
- ■■□□ I made peace* with it.
  (もう落ち着いてるよ)
- ■■□□ I'm at peace* with it.
  (もう落ち着いてるよ)

解説 feel much better「気分がずっとよい」 get over「乗り越える；立ち直る」 make peace「心を落ち着かせる」 be at peace「心が落ち着いた状態だ」

---

234 『立ち直ったよ！』
■■■□ **I'm over it!**

「自分はもう大丈夫」と言いたいときの表現のバリエーションをもっと覚えましょう。この over は「…を乗り越えて；越えて」という意味。

Ⓐ: I'm over* it!
　(立ち直ったよ！)
Ⓑ: So quick! I'm glad to hear it!
　(早いわね！ それはよかったわ！)

言い換えフレーズ これも覚えたい！

- ■■■□ I'm back to my old self!*
  (もとの僕に戻ったよ！)
- ■■■□ I feel like* my old self again!
  (もとの自分に戻った感じ！)
- ■■■□ I'm back on my feet* again!
  (元気を取り戻したよ！)
- ■■■□ I'm on my game again!*
  (試合復帰さ！)
- ■■■□ I don't even think about it anymore!*
  (もう考えることもないよ！)

解説 over …「…を克服して」 be back to one's old self「もとの自分に戻る」
feel like …「…な気がする；感じがする」 be back on one's feet「元気になる；立ち直る」
be on one's game again「(人生という) 試合に復帰する」 anymore「もう；もはや」

Chapter 16 思いやりの英会話フレーズ

235 『もう忘れたよ』
■■□□ **I've put it in my past.**

「(つらかったことは)もう忘れたよ」と元気を取り戻したことを相手に伝える言い回しを覚えましょう。

A: I was so sorry to hear about what happened.
(聞いたよ。残念だったね)
B: Hey, no worries. I've put it in my past.*
(おいおい心配ないよ。もう忘れたんだから)

言い換えフレーズ これも覚えたい！

■■□□ I've put it behind* me.
(もう忘れましたから)
■■□□ I've forgotten all about it.*
(もうすっかり忘れましたから)
■■□□ I've forgotten already.*
(もうすでに忘れてますので)

解説 put it in one's past「自分の過去に(それを)置く」 behind …「…の後ろに；後方に」 all about it「それにまつわるすべて」 already「すでに；もう」

236 『今度はやってやる！』
■■■□ **I'll get 'em next time!**

失敗して落ち込んでいるときに元気を出す言葉をもう少しチェックしましょう。「次こそがんばる！」「あきらめないぞ！」と自分を奮い立たせる表現です。

A: I'll get 'em* next time!
(今度はやってやるぞ！)
B: That's the spirit!
(その調子だよ！)

言い換えフレーズ これも覚えたい！

■■■□ I'll never give up!*
(絶対にあきらめない！)
■■■□ I'm not giving up!
(あきらめるつもりはないから！)
■■■□ I don't give up THAT easily!
(そんなにかんたんにはあきらめない！)
■■■□ I won't let it get ME down!*
(こんなことで落ち込んでいられないよ！)

解説 get 'em「手に入れる；うまくやる」 give up「あきらめる」
let it get me down「それに自分を落ち込ませる」

Chapter 17

安心感を伝えるフレーズ

Chapter 17 安心感を伝えるフレーズ

Part 47 安心感を確認するとき
Asking If Relieved

CD 2-21

237 『安心した？』
■■□□ **Are you relieved?**

ほっとしたとき、安心したときのひとことを覚えましょう。relieved（安心した）がもっとも基本的なボキャブラリーです。

Ⓐ: **Are you relieved?***
　（安心した？）
Ⓑ: **Of course! It's a huge weight off my mind!***
　（もちろん！　すごく肩の荷が降りたわ！）

言い換えフレーズ これも覚えたい！

■■□□ Are you relieved to* hear that?
　　（それを聞いて安心した？）
■■□□ Do you feel better* now?
　　（少し気持ちは楽になった？）
■■□□ You must be so relieved!
　　（すごく安心したでしょう！）
■■□□ I'll bet* you're so relieved!
　　（きっとすごく安心したでしょう！）
■■□□ You seem so relieved!
　　（すごくほっとして見えますよ）

解説 relieved「安心して；ほっとして」　be a huge weight off one's mind「…の肩の荷が降りる」
be relieved to …「…して安心させられる」　feel better「気分がよくなる；楽になる」
I'll bet …「きっと…でしょう」

Part 48 安心した、ほっとしたと言う
Expressing Relief

CD 2-22

238 『すごくほっとした！』
■■□□ **What a relief!**

relief は「安心」という意味の名詞。このようにシンプルな感嘆文を使うと気持ちを強く表現できます。

Ⓐ: What a relief!
（すごくほっとした！）
Ⓑ: I knew you'd feel* that way!
（そうでしょうね！）

言い換えフレーズ これも覚えたい！

■■■■ Whew!*
（ふーっ！）
■■■□ Whew! I feel like I can breathe again!*
（ふーっ！ 安心した！）
■■□□ That's a (huge) weight off my mind!*
（すごく肩の荷が降りました！）
■■□□ That's a load* off my mind!
（肩の荷が降りた！）

解説 you'd feel「あなたにだったらそう感じられる」 whew「ふーっ」ほっとしたときの擬音。can breathe again「再び呼吸ができる」 huge weight off one's mind「大きな重荷が降りる」 load「肩の荷」

239 『それを聞いて安心しました！』
■■□□ **I'm so relieved to hear that!**

相手の言葉を聞いてほっとしたときの反応表現をチェックしましょう。「それで安心した」などの日本語にあたるフレーズです。

Ⓐ: My boss wasn't angry in the least!*
（ボスはちっとも怒ってなかったわよ！）
Ⓑ: Really? I'm so relieved* to hear that!
（そうなの？ それを聞いて安心しましたよ！）

言い換えフレーズ これも覚えたい！

■■□□ I'm so relieved!
（すごく安心した）
■■□□ That is such a* relief!
（すごくほっとしました）
■■□□ That is such a relief to hear!
（それを聞いてすごくほっとしました！）

解説 not ... in the least「ちっとも…ない」 so relieved「すごくほっとして」 be such a ...「とても…だ」

Chapter 17 安心感を伝えるフレーズ

Part 49 安心した相手にかける言葉 / Expressing Relief about Others

240 『君がもとに戻ってよかった！』
■■□□ **I'm glad to see you back to your old self!**

なにかが心配でいつもの状態ではなかった相手が、やっといつもどおりに戻ったときにかけてあげる言葉です。

Ⓐ: I'm glad to see you back to your old self!*
　（いつもの君に戻ってよかった！）
Ⓑ: Thanks. I feel much better.
　（ありがとう。もう大丈夫）

言い換えフレーズ これも覚えたい！

■■□□ You seem like* your old self!
　（いつもの君に戻ったみたいだね）
■■□□ You're your old self again!*
　（いつもの君に戻ったね！）

解説 back to someone's old self「いつもの［以前の］…に戻って」　seem like ...「…のようだ」　again「再び」

Chapter 18

激励の英会話フレーズ

Chapter 18 激励の英会話フレーズ

Part 50 がんばれ、その調子だと伝える言葉
Words of Encouragement
CD 2-24

241 『ベストを尽くせ！』
■■■□ **Give it your best shot!**

ここからは相手を激励したり、相手の幸運を祈ったりするときの言い回しを見ていきましょう。まずは激励の基本から。

Ⓐ: Give it your best shot!*
　（ベストを尽くせ！）
Ⓑ: Thanks! I will!
　（ありがとう！ がんばる！）

言い換えフレーズ これも覚えたい！

■■■□ Go for* it!
　（がんばれ！）
■■□□ Do your best!
　（精一杯がんばれ！）
■■■□ Try your best!
　（ベストを出せ！）
■■■□ Try your hardest!
　（最高にがんばれ！）
■■□□ Never give up!*
　（あきらめるな！）
■■□□ Don't take no for an answer!*
　（絶対にあきらめるな！）

解説 give it one's best shot「自分のベストを尽くす」　go for ...「…に向けて努力する」
　　　give up「あきらめる」　take no for an answer「ノーという答えを受け入れる」

242 『その調子！』
■■□□ **You're doing great!**

「その調子だ！」と、がんばっている相手をほめる英語にもいろいろなものがあります。

Ⓐ: You're doing great!*
　（すごいね！）
Ⓑ: Thanks! You really think so?
　（ありがとう！ ホントにそう思う？）

言い換えフレーズ これも覚えたい！

■■■□ Keep it up!*
　（その調子！）
■■■□ You're on fire!*
　（その調子！）

Part 50　がんばれ、その調子だと伝える言葉

■■■□ You're on a roll!*
　　　（その調子！）
■■■□ Just like that!*
　　　（そうだ！）
■■■□ Go! Go! Go!
　　　（行けー！）

解説　do great「すばらしくやる」　keep it up「そのまま続ける；その調子で続ける」
　　　be on fire/a roll「調子がいい」
　　　Just like that! → 直訳すると「ちょうどそのように！」となる。

243　『行ってこい！』
■■■□ **Go get 'em!**

なにかがんばらなければならない場所に相手を送り出すときにかけてあげる激励のフレーズを紹介します。

Ⓐ: Tomorrow's the contest!
　　（明日はコンテストなの！）
Ⓑ: Go get 'em!*
　　（よし、行ってこい！）

言い換えフレーズ　これも覚えたい！
■■■■ Go get 'em, tiger!*
　　　（行って勝ってこい！）
■■■■ Kick butt!*
　　　（やっつけてこい！）
■■■■ Knock 'em dead!*
　　　（打ち負かせ！）
■■■■ Break a leg!*
　　　（がんばれ！）

解説　go (and) get 'em/them「行って手に入れる」　tiger → 男性への呼びかけ。
　　　kick butt「打ち負かす」　knock 'em/them dead「やっつける」
　　　Break a leg! → 直訳は「脚を折れ」。演技などの前にわざと不吉なことを言って縁起を担ぐ激励の文句。

244　『幸運を祈ってる！』
■■■□ **Good luck!**

激励の言葉の中には、相手の幸運を祈るものもあります。

Ⓐ: Good luck!*
　　（幸運をね！）
Ⓑ: Thanks! I'll need it!
　　（ありがとう！ うれしい言葉だよ！）

Chapter 18　激励の英会話フレーズ

言い換えフレーズ　これも覚えたい！
- ■□□□　Best of luck!*
  （ご幸運を！）
- ■■□□　I'm praying for* you!
  （祈ってる！）
- ■■■□　I'm sending you positive vibes!*
  （応援してるよ！）

解説　good luck「幸運」　best of luck「最高の幸運」　pray for ...「…のために祈る」
positive vibes「ポジティヴな波動」

245　『僕たちがついてるぞ！』
■■■□ **We've got your back!**

「自分たちが、君をサポートしている」「君には自分たちがついている」と激励する言い回しもあります。

Ⓐ: It's going to be very challenging!
　（とても大変なチャレンジになりそうです！）
Ⓑ: Just remember, we've got your back!*
　（覚えていて、君には僕たちがついてるよ！）

言い換えフレーズ　これも覚えたい！
- ■■■□　We're on your side!*
  （僕らは君の味方だぞ！）
- ■■■□　We're right behind* you!
  （僕らがついてますよ！）
- ■■■□　We're all with you* on this!
  （みんなが君の味方だから！）
- ■■■□　We're there if you need* us!
  （いつでも僕らが駆けつけるから！）

解説　get someone's back「背後から支える；背後を守る」　be on someone's side「…の味方だ」
right behind ...「…のすぐ後ろに」　be with ...「…の味方だ」　need「必要とする」

Part 51　必ずうまくいくと励ます言葉
Showing Confidence in Others
CD 2-25

246　『君ならできる！』
■■■□ **You can handle it!**

「君ならできる！」「君なら大丈夫！」という激励のフレーズも、ネイティヴはよく使います。

Ⓐ: I'm pretty nervous about this new job.
　（新しい仕事けっこう不安なの）
Ⓑ: Don't be. You can handle it!
　（心配ないよ。君ならできるさ！）

Part 51 必ずうまくいくと励ます言葉

言い換えフレーズ これも覚えたい！

■■■□ You can do it!
（君ならできる！）

■■■□ You can do anything!
（君ならなんでもできるよ！）

■■□□ You can do it if you put your mind to* it!
（全力でやればなんでもできますよ！）

■■□□ You can accomplish* it if you really try!*
（ホントにがんばれば、完遂できますよ！）

解説 put one's mind to ...「…に全力を傾ける」 accomplish「完遂する；成し遂げる」
really try「本気でがんばる」

247 『君なら大丈夫！』
■■□□ You'll do it!

前の Unit に近い表現ですが、「君なら大丈夫」「君なら逃すことはない」と、相手の成功を請け合うニュアンスの言い回しもあります。

Ⓐ: You'll do it! I just know!
（君なら大丈夫！ 僕にはわかるよ！）

Ⓑ: Thanks! I'm so glad to hear you say that!
（ありがとう。そう言われるととてもうれしいです！）

言い換えフレーズ これも覚えたい！

■■■□ You can't lose!*
（君なら失敗はしないよ！）

■■■□ You can't miss!*
（君なら逃しはしないよ！）

■■■□ You're a shoe in!*
（君の勝利は確実だよ！）

■■■□ You'll come out on top!*
（君こそいちばんだよ！）

解説 can't lose/miss「失敗することはない」 ... be a shoe in「…の勝利は確実だ」
come out on top「勝利を収める；トップに立つ；成功する」

Chapter 18　激励の英会話フレーズ

248　『君なら絶対に大丈夫！』
■■□□ I'm sure you'll do fine!

「君なら絶対に大丈夫」「君のことは全然心配していない」「君を信じている」などと、相手への強い信頼を言葉にして激励する言い方も覚えましょう。

Ⓐ: I've got stage fright!*
（緊張であがってるの！）

Ⓑ: I'm sure you'll do fine!
（君なら絶対に大丈夫さ！）

言い換えフレーズ　これも覚えたい！

■■□□ I'm sure you'll have no problems.*
（君ならなんの問題もないよ）

■■■□ You'll be okay.
（君は大丈夫）

■■■□ You'll be fine.
（君はうまくやるよ）

■■■□ I know you'll be all right.*
（君なら大丈夫だってわかってる）

■■□□ We believe in* you!
（君を信じてるよ！）

■■□□ We're counting on* you!
（頼りにしてるよ！）

■■□□ We're not worried about you!
（君のことは心配してません！）

■□□□ I have complete faith* in you!
（あなたを完全に信頼していますよ！）

解説　stage fright「(出番の前の)緊張」　no problems「問題ない」　all right「大丈夫」
believe in ...「…を信じる」　count on ...「…を頼りにする」　complete faith「完全な信頼」

Chapter 19

ほめる英会話フレーズ

Chapter 19 ほめる英会話フレーズ

Part 52 すばらしいとほめる言葉
Words of Strong Praise (1)

CD 2-26

249 『すばらしい！』
Fantastic!

まず最初は、シンプルなひとことで「すばらしい！」とほめるフレーズを見ていきましょう。いずれもくだけた言い回しです。

A: What do you think of this photograph I took?
（僕が撮ったこの写真、どう？）
B: Fantastic!*
（すばらしい！）

言い換えフレーズ これも覚えたい！

- Great!*
  （すごい！）
- Fabulous!*
  （すてき！）
- Terrific!*
  （すごい！）
- Wonderful!
  （すばらしい！）
- It's gorgeous!*
  （すばらしい！）
- That's great!
  （すばらしい！）

解説 fantastic「すばらしい」 great「偉大な；すばらしい」 fabulous「すばらしい」→「寓話に登場するような」がもともとの意味。 terrific「すばらしい」→「恐ろしい」という意味からの転用。 gorgeous「すばらしい；きれいだ」→ この形では、写真や芸術作品、デザインなどについてのみ使用される。

250 『すばらしいですね！』
How wonderful!

ビジネスやかしこまった場面でも使える、シンプルなほめ言葉をチェックしましょう。前の Unit よりも少し堅めの言い方です。

A: I came in first in the marathon!
（マラソンで1位になったんです！）
B: Did you? How* wonderful!
（そうなんですか。すばらしいですね！）

Part 52 すばらしいとほめる言葉／Part 53 仕事や才能をほめるフレーズ

言い換えフレーズ これも覚えたい！
- ■□□□ That's wonderful!
  （おめでとう！）
- ■□□□ I'm so pleased* for* you!
  （私もうれしいですよ！）
- ■■□□ I'm so happy* for you!
  （私もうれしいですよ！）

解説 How ...!「なんて…なんでしょう！」 be pleased/happy「幸せだ」 for ...「…のために」

251 『あなたって、すごいね！』
■■■□ You're good!

「あなたはすばらしい！」と相手を直接ほめる言い回しにも、いろいろな種類の英語があります。

🅐: This is one of my sketches.
　（これも僕のスケッチなんだ）
🅑: You're good!
　（あなたってすごい！）

言い換えフレーズ これも覚えたい！
- ■■■□ Gee,* you're good!
  （へえ、すごいね！）
- ■■■□ Gosh,* you're good!
  （えっ、すごいじゃない！）
- ■■■□ Wow, you're good!
  （うわあ、すごいね！）
- ■■■□ You sure* can paint!
  （絵がうまいんだね！）
- ■■■□ You sure know how to* play basketball!
  （バスケ、ホントにうまいんだね！）

解説 gee「へえ」 gosh「えっ；おお」→ God をやわらかく言ったもの。 sure「ほんとうに」 how to ...「…のやり方」

Part 53　仕事や才能をほめるフレーズ
Words of Strong Praise (2)　CD 2-27

252 『すばらしい仕事だ！』
■■■□ Great job!

次は相手の才能や仕事の手際などをほめる言い方をチェックしましょう。英語にはほめ言葉のバリエーションが山ほどありますが、がんばって身につけてください。まずは、相手の仕事や作品をほめるときのひとことから。

🅐: Great job! （すばらしい仕事だね！）
🅑: Thanks! （ありがとうございます！）

Chapter 19 ほめる英会話フレーズ

言い換えフレーズ これも覚えたい！
- ■□□□ You did outstanding* work!
  (すばらしい仕事をしてくれたね！)
- ■■□□ You did a fantastic job!
  (すばらしい仕事をしたね！)
- ■■□□ I'm so impressed by* this!
  (これは、すごくいいね！)
- ■■□□ Exceptional* work!
  (抜群ですね！)
- ■■■□ Top-notch* work!
  (一流の仕事だね！)
- ■■■□ Way to go!
  (やってくれるねー！)

解説 outstanding「抜きん出た」 be impressed by ...「…に感銘を受ける」 exceptional「例外的な」 top-notch「一流の；最高の」

253 『すごい才能だね！』
■■■□ You're so talented!

ここでは相手の才能、能力をほめる代表的なフレーズを紹介していきます。ちょっとだけた、やや大げさな感じの言い方をチェックしてみましょう。

Ⓐ: You're so talented!*
   (すごい才能だね！)
Ⓑ: You're too kind!
   (やさしいわね！)

言い換えフレーズ これも覚えたい！
- ■■■□ You're brilliant!*
  (君はすばらしい！)
- ■■■□ You're a genius!*
  (天才だね！)
- ■■■□ You're amazing!
  (すばらしい！)
- ■■■□ You're incredible!*
  (信じられない！)
- ■■■□ You're awesome!*
  (すごい！)
- ■■■□ You're fantastic!
  (すばらしいよ！)

解説 talented「才能豊かな」 brilliant「優れた；光り輝く」 genius「天才」
incredible「信じられない」 awesome「すごい；偉大な」

Part 53 仕事や才能をほめるフレーズ

254 『これほどの才能があったなんて！』
■□□ **I had no idea you were so talented!**

英語には、「相手にそれほど豊かな才能があったとは知らなかった」というニュアンスのほめ方もあります。

A: I had no idea* you were so talented!
（君に、これほど才能があったなんて！）
B: Thank you so much!
（ありがとう！）

言い換えフレーズ これも覚えたい！
- ■■□ **I'm blown away* by how talented you are!**
（あなたの才能にはびっくりですよ！）
- ■■□ **I can't believe you did this!**
（これをあなたがやったなんて信じられない！）
- ■■□ **Did you really do this?**
（ホントにあなたがこれをやったのですか？）

解説 I had no idea ...「…ということを知らなかった；わからなかった」 be blown away「驚かされる」

---

255 『どうやったらこんなことができるの！』
■■■□ **How do you do it?**

このフレーズのように「どうやったら、こんなことができるの？」といったほめ方でも、相手の才能をほめることができます。

A: Extraordinary!* How do you do it?
（すごいよ！ どうやったら、こんなことできるの？）
B: It's not that hard, actually.
（実際、そんなに難しくはないのよ）

言い換えフレーズ これも覚えたい！
- ■■■□ **How did you do it?**
（どうやったの？）
- ■■□□ **I don't know how you can do it!**
（どうやったらこんなことができるのかわからない）
- ■■■□ **I could never do what you do!***
（私には絶対できないわ！）
- ■■■□ **I couldn't do it in a million years!***
（百年たっても私にはできないわ！）

解説 extraordinary「類い稀な；尋常ではない」 what you do「あなたがやること」
in a million years「百年後にも」

Chapter 19 ほめる英会話フレーズ

256 『どこでそういうことを覚えたの？』
■■□□ **Where did you learn to do something like this?**

ひとつ前の Unit の類似表現をもう少しピックアップしてみましょう。少しかしこまった言い回しです。

Ⓐ: Where did you learn to do something like this?*
（どこでこういうことを覚えたの？）
Ⓑ: Oh, I guess I've been drawing since I was just a little kid.
（たぶん、小さな子供の頃からずっと絵を描いてるからかなあ）

言い換えフレーズ これも覚えたい！

- ■□□□ I'm amazed that you can do this!
  （こんなことができるとは、驚きましたよ！）
- ■□□□ I can see that you're a master!*
  （あなた、もう極めていますよね！）
- ■□□□ Are you just naturally talented?*
  （生まれつき才能に恵まれているのですか？）
- ■□□□ Are you self taught?*
  （独学で身につけたのですか？）
- ■■□□ How long did it take you to get this good?*
  （これほどうまくなるのにどのくらいかかったのでしょう？）

解説 something like this「こういったこと」 master「極めた人」
naturally talented「生まれつきの才能がある」 self taught「自ら学んだ；独学で身につけた」
to get this good「これほど上達するのに」

257 『あなたには、及びもつかない！』
■■■□ **I'm not even in your league!**

「あなたには及びもつかない」などと、相手と自分を引き比べながら、相手の才能に言及することも可能です。

Ⓐ: You're so good! I'm not even in your league!*
（すごいわね！ あなたには及びもつかないわ！）
Ⓑ: Ah, you're very talented too!
（いやあ、君だって才能豊かじゃないか！）

言い換えフレーズ これも覚えたい！

- ■■■□ I'm not fit to tie your shoes!*
  （あなたにはまったく及ばないわ！）
- ■■■□ I'm not worthy!*
  （私なんか取るに足らないわ！）
- ■■■□ You're my hero!
  （あなたはヒーローね！）
- ■■□□ You're like a hero to me!
  （あなたは私のヒーローよ！）

解説 in someone's league「…と同じリーグに所属して；土俵に立って」
not fit to tie someone's shoes「…には及びもつかない」→ 直訳は「…の靴ひもを結ぶのに適していない」 not worthy「取るに足らない」

Chapter 20

相手を祝福するフレーズ

Chapter 20 相手を祝福するフレーズ

Part 54 お祝いの言葉
Words of Congratulations

CD 2-28

258　『おめでとう！』
■■□□ **Congratulations!**

ここからは、相手を祝福する言葉をチェックしていきましょう。congratulate（祝福する）が、基本となるキーワードですね。

Ⓐ: Congratulations!
　　（おめでとう！）
Ⓑ: Thanks!
　　（ありがとう！）

言い換えフレーズ　これも覚えたい！

■■□□　Congratulations on* your promotion!
　　　　（昇進おめでとう！）
■□□□　May I be the first to* congratulate you?
　　　　（いちばん最初に祝福させてくださいね）
■□□□　Allow me to* give you my congratulations.
　　　　（祝福の言葉を言わせてください）
■□□□　Let me offer* my congratulations.
　　　　（お祝いの言葉を言わせてください）
■□□□　I'd like to take this opportunity* to congratulate you.
　　　　（この場をお借りして、あなたを祝福させてください）
■■■■　Congrats!
　　　　（おめでとう！）

解説　Congratulations on …!「…おめでとう！」
　　　　May I be the first to …「…する最初のひとりになっていいですか？」
　　　　allow me to …「…することをお許しください」　offer「捧げる；提供する」　opportunity「機会」

259　『君をとても誇りに思うよ！』
■■□□ **I'm so proud of you!**

英語では、「君を誇りに思うよ」「君のことが誇らしい」といった言い回しで、相手を祝い、ほめたたえることもよくあります。

Ⓐ: Well, I didn't win, but I came in third!
　　（勝てなかったけど、3位になりました！）
Ⓑ: I'm so proud of* you!
　　（君のこと、とても誇りに思ってるよ！）

言い換えフレーズ　これも覚えたい！

■■□□　We're so proud of you!
　　　　（君をとても誇りに思ってる！）

Part 54　お祝いの言葉

- ■■□□ I'm really proud of you!
  （君のことをホントに誇りに思うよ！）
- ■■□□ You've made us proud!
  （君のことが誇らしいよ！）
- ■■□□ We're proud of what you've done/accomplished!*
  （君のしたことが誇らしいよ！）
- ■■□□ I'm filled with pride!*
  （誇らしい気持ちでいっぱいです！）

解説 be proud of ...「…を誇りに思う」　what you've done/accomplished「君の成し遂げたこと」
be filled with ...「…でいっぱいだ」
I'm filled with pride! → ここにはいない第三者について誇りに思う場合に使うフレーズ。

260　『自分を誇りに思って当然だよ！』
■■□□ **You should be proud of yourself!**

相手のしたことをほめたたえるときに、「自分を誇りに思って当然だ」「自分を誇りに思うべきだ」といった言い回しをすることもよくあります。

Ⓐ: You should be proud of yourself!
　（誇りに思って当然ですよ！）
Ⓑ: Thanks, I am!
　（ありがとう！）

言い換えフレーズ　これも覚えたい！
- ■□□□ You have every right to* feel proud of yourself!
  （あなたには、自分を誇りに思うあらゆる権利があります！）
- ■□□□ You should be very pleased with* what you've accomplished!
  （ご自身の行いをとてもよろこばしく思っていることでしょう）
- ■□□□ You've done something very special!*
  （あなたは特別なことを成し遂げたのです）
- ■□□□ You deserve* every word of praise* you're receiving!*
  （あなたはあらゆる賛辞に値します）
- ■■■□ You must be proud!
  （誇りに思わなくちゃね！）
- ■■■□ You should be proud!
  （誇りに思って当然よ！）

解説 have every right to ...「…するあらゆる権利がある」　be pleased with ...「…をうれしく思う」
special「特別な」　deserve「値する」　word of praise「ほめ言葉」　receive「受ける」

Chapter 20 相手を祝福するフレーズ

261 『君にはその価値があります！』
■■□□ **You deserve it!**

相手が昇進した、なにかで受賞したといった場面でよく使う表現もあります。「君はそれに値する人物だよ」などの英語独特の表現を見ていきましょう。

Ⓐ: I can't believe he gave me a promotion!
　　（彼が私を昇進させるとは思わなかった！）
Ⓑ: You deserve* it!
　　（君はそれに値するよ！）

言い換えフレーズ これも覚えたい！

■□□□ You've earned it!
　　　（あなたの力が実ったんですよ！）
■□□□ No one* deserved it more than* you!
　　　（あなた以上にその価値のある人はいませんよ）
■□□□ No one was more deserving!*
　　　（だれよりもあなたにその価値があります）
■■□□ They made a good choice!
　　　（会社はよい人選をしましたね！）
■■□□ They picked the right person!
　　　（会社は適材を選択しましたね！）
■■□□ They couldn't have chosen* a better person!*
　　　（あなた以上の人を選ぶことなんてできなかったでしょう！）

解説 deserve ...「...に値する」　no one「だれもいない」　more than ...「...よりも；...より以上に」　deserving「値する」　choose「選ぶ；選出する」　better person「さらによい人物」

---

262 『君のことを信じていたよ！』
■■□□ **I never doubted you!**

相手の成功を、全然疑っていなかったと全幅の信頼を述べながら、相手を祝福するフレーズをチェックしましょう。

Ⓐ: Well, I was accepted for the internship!
　　（インターンに採用されたんです！）
Ⓑ: I never doubted* you!
　　（君のことを信じていたよ！）

言い換えフレーズ これも覚えたい！

■□□□ I never doubted you for a moment!*
　　　（ずっと信じていたよ！）
■■□□ I never had any doubts about you!
　　　（完全に信じていたよ！）
■■■□ I was sure you'd do it!*
　　　（君ならできると信じていた！）
■■□□ You gave me no cause* to doubt!
　　　（君［の成功］を疑う理由はひとつもなかったよ！）

解説 doubt「疑う」 for a moment「一瞬の間」 you'd do it「君だったらそれをやると」 cause「理由；原因」

263 『君のことだから、驚きはしなかったよ！』
■■□□ **Knowing you, I wasn't surprised!**

もう少し、相手への信頼を述べながら祝福する言い回しをチェックしましょう。knowing you は「君を知っているから」という意味。

Ⓐ: Knowing you, I wasn't surprised!*
　　（君のことはわかってるから、驚かなかったよ！）
Ⓑ: Really? Thank you so much!
　　（ホント？ ありがとう！）

言い換えフレーズ これも覚えたい！

■□□□ I had no cause* to doubt* you!
　　（君を信じない理由なんてありませんでした！）
■■□□ I never had any doubts (about you)!
　　（[君のこと] ずっと信じていたよ）
■■□□ I always had confidence* in you!
　　（いつも信じていたよ）
■■□□ I knew* you could do it!
　　（君ならやれるとわかってたよ！）
■■■□ I knew I could count on* you!
　　（君は頼りにできるとわかってたよ！）

解説 be surprised「驚かされる」 cause「理由」 doubt「疑う」 confidence「信頼」
　　I knew …「…だとわかっていた」 count on …「…を頼りにする；頼る」

Part 55 相手をうらやむ英語表現
Expressing Envy and Jealousy
CD 2-29

264 『すごくうらやましい！』
■■■□ **I'm so jealous!**

ここから少しの間、相手をうらやむときの英語表現をチェックしていきましょう。まず、「うらやましい！」「あなたの才能があればなあ」といった言い方です。ほめ言葉の一種のように使われることもあります。

Ⓐ: Is this yours? Wow, I'm so jealous!*
　　（これあなたの？ すごい、うらやましいわ！）
Ⓑ: Thanks! You're embarrassing me.
　　（ありがとう！ ちょっと恥ずかしいな）

言い換えフレーズ これも覚えたい！

■■■□ I want to be you!
　　（あなたになりたい！）

Chapter 20 相手を祝福するフレーズ

- ■■□□ I wish I had your talent!*
  (あなたみたいな才能があればなあ！)
- ■□□□ It must be great to be so talented!*
  (それほどの才能があればすばらしいでしょう)
- ■■■□ It's not fair* that you're so talented!
  (そんなに才能があるなんて公平じゃないわよ！)

解説 jealous「うらやんで」 talent「才能」 talented「才能のある」 fair「公平な；公正な；フェアな」

265 『ホントうらやましい！』
■■■□ I'm green with envy!

Unit 264 よりも、さらにうらやましい気持ちが強いときの言い方もチェックしていきましょう。

- **A**: Gosh, you're good! I'm green with envy!*
  (あなたすごいわね！ ホントうらやましい！)
- **B**: I'm not really all that good.
  (実は、そんなにうまくないんだよ)

言い換えフレーズ　これも覚えたい！

- ■■□□ I'm so envious!*
  (もう嫉妬！)
- ■■■□ I envy you!
  (嫉妬しちゃう！)
- ■■□□ I envy your talent!
  (あなたの才能に嫉妬してしまうわ！)

解説 be green with envy「嫉妬でいっぱいで」 envious「嫉妬心のある；うらやんで」

266 『君みたいに運がよければなあ！』
■■■□ I wish I had your luck!

相手をうらやむときは、「相手のような幸運が自分にあったら」のように表現することもあります。

- **A**: That's so great! I wish I had your luck!*
  (すばらしい！ 君みたいに運がよければなあ！)
- **B**: I'm usually not so lucky.
  (いつもはそれほどでもないのよ！)

言い換えフレーズ　これも覚えたい！

- ■■■□ I want your life!
  (あなたの人生が欲しいわ！)
- ■■■□ You have all the luck!*
  (あなたってホントに運に恵まれてるわ！)
- ■■■□ How come* you get so lucky?
  (なんでそんなに運がいいのよ？)

■■■□ Somebody up there* must love you!
（きっと神さまに愛されてるのね！）

解説 luck「幸運」 You have all the luck! →「あなたはすべての運を持っている」が直訳。how come「なんで；どうして」 somebody up there「天上のだれか；神さま」

267 『ラッキーな奴だなあ！』
■■■□ You're a lucky guy!

相手の才能ではなく、相手が単についているだけだということを強調して、ひがむ表現もあります。

Ⓐ: Your girlfriend is gorgeous! You're a lucky guy!*
（彼女かわいいじゃん！ 運がいいわね！）
Ⓑ: Yeah, I guess so!
（うん、そうだよね！）

言い換えフレーズ これも覚えたい！
■■■□ Lucky you!
（運がいいなあ！）
■■■□ You're so lucky!
（運がいいよなあ！）
■■■□ You got lucky!*
（[今回は] 運がよかったな！）

解説 lucky guy「運のいい奴」 You got lucky! → スポーツのライバルなどが相手に向かってよく使う言い方。

Part 56 祝杯の英語表現
Words Used for Toasting

268 『乾杯！』
■■□□ Cheers!

乾杯の音頭は、祝福の場面では欠かせないもの。「乾杯」と祝杯をあげるときの基本表現をチェックしましょう。

Ⓐ: Here's to your success! Cheers!
（君の成功に！ 乾杯！）
Ⓑ: Cheers!
（乾杯！）

言い換えフレーズ これも覚えたい！
■■□□ Here's to* our success!
（われわれの成功に乾杯！）
■□□□ A toast!* To us!
（乾杯！ 私たちに！）

Chapter 20 相手を祝福するフレーズ

- ■□□□ I propose a toast!* To Karen!
  (乾杯しましょう！ カレンに！)
- ■■□□ I'll drink to that!*
  (乾杯！)

解説 Here's to ...「…に乾杯」 toast「乾杯」 propose a toast「乾杯を提案する」
I'll drink to that! →「それに対して飲みます」が直訳。だれかが先に乾杯の音頭を取ったあとに追随するときに使うフレーズ。

269 『これは乾杯をしなければね！』
■■□□ **This calls for a toast!**

Chapter の最後に、だれかを祝福する場面で、「(おめでたいことだから)これは乾杯しなきゃね」と祝杯を提案するときの言葉を紹介しておきます。

Ⓐ: I got called in for a second audition!
   (オーディションの二次試験に呼ばれたの)
Ⓑ: Really! This calls for* a toast!
   (ホント！ これは乾杯しなきゃね！)

言い換えフレーズ これも覚えたい！
- ■■□□ This calls for a celebration!*
  (これはお祝いが必要だね！)
- ■■■□ We need to celebrate this!
  (これはお祝いしなきゃ！)
- ■■■□ We have to celebrate this!
  (これはお祝いしなきゃ！)
- ■■■□ This calls for champagne!*
  (これはシャンペンが必要だね！)
- ■■■□ Break out* the champagne!
  (シャンペンでお祝いだ！)

解説 call for ...「…を呼ぶ；要請する」 celebration「お祝い」 champagne「シャンペン」
break out「取り出す」

Chapter 21

ほめ言葉や祝福への返事

Chapter 21 ほめ言葉や祝福への返事

Part 57　お祝いの言葉への反応フレーズ
Replies to Being Praised

CD 2-31

270　『ありがとうございます！』
That's so kind of you!

ここからは、前の2つの Chapter で学習した、ほめ言葉や祝福への返事をまとめてチェックしていきます。まずは、ほめられたときの感謝の基本表現から。

A: I'm so impressed by what you've done!
（君の仕事、すばらしいですね！）
B: That's so kind* of you!
（ありがとうございます！）

言い換えフレーズ　これも覚えたい！

- I really appreciate* you saying that.
（そう言ってもらえてうれしいです）
- That's so nice of you to say.
（うれしいお言葉ですね）
- Thanks for those kind words.
（ご親切にありがとうございます）

解説 kind「親切な；やさしい」　appreciate「評価する；感謝する」

271　『そう言ってもらえてうれしい！』
I'm so happy to hear you say that.

バリエーション豊かなほめ言葉への感謝のフレーズを、もう少しチェックしましょう。

A: I am so impressed!
（感銘を受けましたよ！）
B: I'm so happy to* hear you say that!
（そう言ってもらえて、うれしいです！）

言い換えフレーズ　これも覚えたい！

- Thanks for the compliment!*
（ほめていただきうれしいです）
- You have no idea how much that means to me!*
（あなたの言葉が、どれほどうれしいか！）
- Wow, what a compliment!
（うわあ、すごいほめ言葉！）
- You've made me so happy!
（すごくうれしい！）
- You've made my day!*
（とてもうれしいです！）

解説 be happy to ...「…してうれしい」 compliment「ほめ言葉」
You have no idea how much that means to me! → 直訳は「どれほどそれが私に重要な意味をもつか、あなたにはわからない」となる。
You've made my day! →「あなたは私の一日をつくった」が直訳。相手の言葉に気分をよくしたときのくだけた返答。

Part 58 謙遜するひとこと
Expressions of Modesty
CD 2-32

272 『運がよかっただけですよ！』
I was just lucky!

ほめられたときの謙遜の言葉をチェックしていきます。まずは、「運がよかっただけです」と応じる謙遜フレーズです。

Ⓐ: You are amazing!
（すごいですね！）
Ⓑ: Hardly! I was just lucky!*
（全然！ 運がよかっただけですよ！）

言い換えフレーズ これも覚えたい！
- I got a lucky break!*
  （ついてたんですよ！）
- It was just a matter of luck!*
  （単に運の問題ですよ！）
- My luck was in!*
  （運がよかったんです！）

解説 lucky「運のいい」 lucky break「幸運」 matter of luck「運の問題」 luck was in「運が入ってきた」

273 『それほどでもありませんよ！』
I wouldn't go that far!

「それほどでもないです」と謙遜することは日本語でもよくありますね。英語ではどう言えばいいかを確認しましょう。

Ⓐ: You could be a professional artist!
（君はプロの芸術家になれるよ！）
Ⓑ: I wouldn't go that far!*
（それほどでもありませんよ！）

言い換えフレーズ これも覚えたい！
- I'm hardly* that!
  （全然そんなんじゃないですって！）
- Hardly!
  （全然！）

Chapter 21 ほめ言葉や祝福への返事

- ■■□□ That's going a little* too far!
  （ちょっとほめすぎですよ！）
- ■■□□ I don't deserve that!*
  （それほどではありません）
- ■■■□ Ha! I WISH!
  （ハハ！ そうならいいんですけどね！）

解説 wouldn't go that far「それほどではない」　hardly ...「ほとんど…ない」　a little「ちょっと」
don't deserve that「それ［その言葉］に値しない」

---

274 『お世辞ばっかり！』
■■□□ **You flatter me!**

「お世辞ばっかり言わないで」「またまたお世辞ばっかり」といった日本語にあたる英語をチェックします。

Ⓐ: **You are the most talented person I know!**
（知ってる人では、君がいちばん才能あるよ！）
Ⓑ: **You flatter* me!**
（お世辞ばっかり！）

言い換えフレーズ これも覚えたい！

- ■■□□ Flattery will get you everywhere!*
  （おべっか使ったってなんにも出ないわよ）
- ■■■□ You flatterer!*
  （お世辞がうまいわねー！）
- ■■□□ You're just flattering me, aren't you?
  （お世辞で言ってるんでしょ？）

解説 flatter「お世辞を言う；おべっかを使う」
will get you everywhere「…はあなたをどこにでも連れていく」→ will get you nowhere「なんにもならない」というもとのフレーズを変化させたジョーク。
flatterer「おべっか使い」

---

275 『ほんとうに？』
■■□□ **Do you really mean it?**

ほめられたり、祝福されたとき、「ほんとうに？」「ホントにそう思ってるの？」と問い返すときもあります。

Ⓐ: **I'm blown away by your talent!**
（君の才能には驚いたよ！）
Ⓑ: **Wow! Do you really mean it?***
（うわあ！ ホントに？）

言い換えフレーズ これも覚えたい！

- ■■□□ Do you mean that?
  （［ホントに］そう思ってるんですか？）
- ■■■□ Are you being serious?*
  （まじめに言ってるの？）

204

> 解説 mean it「ほんとうにそう思っている；ほんとうにそういう意味で言っている」
> be serious「まじめだ；真剣だ」

Part 59 謙遜への返答フレーズ
Response to Other's Modesty

276 『ほんとうにそう思ってるよ！』
I mean it!

謙遜する相手に、「ほんとうにそう思ってるんですよ」と再度告げてあげることも相手をほめることになりますね。そういった表現をチェックしましょう。

Ⓐ: I wouldn't go that far!
（それほどでもありませんよ！）
Ⓑ: Seriously! I mean it!*
（まじめに、そう思ってるんだってば！）

言い換えフレーズ これも覚えたい！

- I mean every word!*
 （言葉どおりの意味で言ってるんですよ！）
- I'm totally sincere!*
 （正直にそう思ってるんです）
- I'm not flattering you!
 （お世辞で言ってるわけではありませんよ！）
- It comes straight from the heart!*
 （心からそう思ってるんですよ！）
- I'm not bullshitting!*
 （うそじゃないって！）
- I'm not BSing!*
 （うそじゃないんだってば！）

> 解説 mean it「ほんとうにそう思っている；ほんとうにそういう意味で言っている」
> mean every word「すべての言葉をそのとおりの意味で言う」 sincere「誠実な」
> straight from the heart「心から」 bullshit = BS「うそを言う；でたらめを言う」

277 『そんなに謙遜しないでよ！』
Don't be so modest!

この Chapter の最後に、「そんなに謙遜しないでよ」「謙遜しなくていいんだよ」と、伝えてあげる英語を見ていきましょう。

Ⓐ: I was just lucky.
（運がよかっただけだよ！）
Ⓑ: Don't be so modest!*
（そんなに謙遜しないの！）

Chapter 21 ほめ言葉や祝福への返事

言い換えフレーズ これも覚えたい！

- ■■□□ You don't have to* be so modest!
  （そんなに謙遜する必要はないですよ）
- ■■□□ There's no need for* modesty!
  （謙遜の必要はまったくないですよ）
- ■■■□ Don't be so humble!*
  （そんなに謙虚にならないでよ！）
- ■■■□ Stop being so humble!
  （謙遜はやめなさいよ！）

解説 modest = humble「控えめな；謙虚な；謙遜的な」　don't have to ...「…する必要はない」
no need for ...「…の必要のない」

Chapter 22

感謝とお礼のフレーズ

Chapter 22 感謝とお礼のフレーズ

Part 60 相手に感謝するフレーズ
Expressions of Gratitude

CD 2-34

278 『ありがとう！』
Thanks!

ここからはコミュニケーションの基本である、感謝とお礼のフレーズを見ていきます。多様なシーンで使える感謝のフレーズを学習しましょう。

Ⓐ: I took the package to the post office for you.
（郵便局に荷物を持っていってあげたよ）
Ⓑ: Thanks!*
（ありがとう！）

言い換えフレーズ これも覚えたい！

- Thanks so much!
 （ありがとう！）
- Thanks for everything!*
 （ありがとう！）
- Thanks a lot!*
 （ありがとー！）
- Thanks a bunch!*
 （ありがとー！）
- Gee,* thanks!
 （おー、アリガトね！）

解説 thank「感謝する」 for everything「すべてに対して」 a lot = bunch「たくさん」
gee「わあ；あら；おー」

279 『…してくれてありがとう』
Thanks for ….

Thank you for …, Thanks for … など、感謝の言葉には for …（…に対して；…してくれて）という単語はつきものです。

Ⓐ: Thanks for all your help.
（すごく手伝ってくれてありがとう）
Ⓑ: Don't mention it.
（いいから）

言い換えフレーズ これも覚えたい！

- Thanks for all you've done.*
 （いろいろありがとう）
- Thanks for taking care of* that.
 （面倒をみてくれてありがとう）
- Thanks for the advice.
 （アドバイスありがとう）

Part 60　相手に感謝するフレーズ

■■■□ Thanks for remembering!*
　　　（覚えていてくれてありがとう）
■■■□ Thank you for saying that!
　　　（そういってくれてありがとう！）

解説 all you've done「あなたのしてくれたことすべて」　take care of ...「…の面倒をみる；世話をする」　remembering「覚えていること」→ このフレーズは、誕生日などを覚えていてくれた相手に向かってよく使うもの。

280　『どう感謝したらいいか！』
■■□□ **I don't know how to thank you!**

ここでは、心の底からの強い感謝の気持ちを表現するフレーズを取り上げておきます。

Ⓐ: I don't know how to* thank you!
　　（どう感謝したらいいかわかりません！）
Ⓑ: It was my pleasure.
　　（お役に立てて光栄ですよ）

言い換えフレーズ　これも覚えたい！
■■□□ I don't know how I can ever* thank you!
　　　（どうやって、あなたにお礼申し上げればいいことか！）
■■□□ I can't thank you enough!*
　　　（感謝してもしきれません！）
■■□□ How can I ever thank you enough?
　　　（どうしたらこの感謝の気持ちを十分表現できるでしょう？）
■□□□ Thank you from the bottom of my heart!*
　　　（心の底から感謝申し上げます！）

解説 how to ...「…の仕方；…する方法」　ever → 強調。　enough「十分に」
from the bottom of one's heart「心の底から」

281　『感謝してます』
■■□□ **I appreciate it.**

感謝表現には、ここで紹介するように appreciate（感謝する；評価する）という動詞を使うフレーズもたくさんあります。

Ⓐ: I think I can help you with that.
　　（それ、お手伝いできると思いますよ）
Ⓑ: I appreciate it. That'd be great.
　　（感謝してます。ありがとう）

言い換えフレーズ　これも覚えたい！
■■■□ Appreciate it.*
　　　（感謝してるよ）

Chapter 22 感謝とお礼のフレーズ

- ■■■□ I really appreciate that/it.
  （ホントに感謝してる）
- ■□□□ I'd so appreciate it.
  （強く感謝いたします）
- ■□□□ I'd be so appreciative.
  （強く感謝しております）
- ■□□□ I greatly appreciate it.
  （非常に感謝しております）
- ■□□□ I sincerely* appreciate it.
  （心より感謝しております）
- ■□□□ I can't tell you how much* I appreciate this!
  （どれほど感謝しているか申し上げることができません）

解説 Appreciate it. → 主語の I を省略して、簡略化した言い方。　sincerely「心から；誠心誠意」 how much「どれほど（たくさん）」

282　『ありがたく思います』
■□□□ **I'm so grateful.**

前の Unit で紹介した appreciate の文以外にも、grateful（ありがたく思う）という単語を用いる言い方もたくさんあります。

Ⓐ: Because you're family, I can give you a large discount.
（ご家族ですから、大幅に値引きが可能です）
Ⓑ: I'm so grateful.
（とてもありがたいです）

言い換えフレーズ これも覚えたい！

- ■□□□ I'm sincerely* grateful.
  （心からありがたく思っています）
- ■□□□ I'm truly* grateful.
  （ほんとうにありがたく思っています）
- ■□□□ You have my sincerest gratitude.*
  （心より感謝申し上げます）
- ■□□□ You have no idea how grateful I am!
  （どれほどありがたく感じていることか！）

解説 sincerely「心から；誠意から」　truly「ほんとうに」　gratitude「感謝の気持ち」

283　『すべてあなたのおかげです』
■■□□ **I owe it all to you.**

もうひとつ、感謝表現のキーワードには、owe（借りがある）という単語もあります。日常的によく使うので、しっかり身につけておきましょう。上の文の直訳は、「それすべてを、あなたに負っている[借りを負っている]」となります。

Part 60　相手に感謝するフレーズ

Ⓐ: I owe it all to you.
　（すべてあなたのおかげです）
Ⓑ: It was a pleasure to help.
　（お手伝いできてうれしく思います）

言い換えフレーズ　これも覚えたい！

■■■□　I owe you one.*
　　　（ひとつ借りができたね）
■■■□　I owe you my life!*
　　　（ものすごい借りができたね！）
■■□□　I'm forever in your debt!*
　　　（永遠にあなたには頭が上がりません！）
■■■□　You saved my life!*
　　　（君は命の恩人だよ！）
■■■□　What would I do without you?*
　　　（君がいなかったらどうしていたことか）

解説　owe you one「あなたにひとつ借りがある」　owe you my life「あなたに私の人生を借りている」　forever in your debt「永遠にあなたに負債がある」→ John Lennon の歌 "Woman" にも登場するフレーズ。　save someone's life「…の命を救う」　without you「あなたなしでは」

284　『この恩は忘れません！』
■■□□　**I won't forget this!**

「相手のしてくれたことへの感謝は決して忘れない」と言いたいときのフレーズも、併せて覚えておきましょう。

Ⓐ: I won't forget* this!
　（この恩は忘れません！）
Ⓑ: Please, it was nothing!
　（気にしないでください。なんでもないことですよ！）

言い換えフレーズ　これも覚えたい！

■■□□　I'll never forget how you helped!
　　　（あなたにしてもらったことは忘れません！）
■■□□　I'll always remember* this!
　　　（ご恩はずっと忘れません！）
■□□□　I'll always remember your kindness!*
　　　（あなたのご親切は忘れません！）

解説　forget「忘れる」　remember「覚えている」　kindness「親切」

Chapter 22 感謝とお礼のフレーズ

Part 61 感謝の言葉に返すフレーズ
Responding to Thanks
CD 2-35

285 『どういたしまして』
■■□□ **You're welcome.**

お礼を言われたときには「どういたしまして」= You're welcome. が定番のお返事ですね。そのほかのフレーズも身につけておきましょう。

Ⓐ: Thanks so much!
（ホントにありがとう！）
Ⓑ: You're welcome.*
（どういたしまして）

言い換えフレーズ これも覚えたい！
- ■□□□ You're very welcome.
  （あなたの頼みなら大歓迎ですよ）
- ■■□□ You're most* welcome.
  （大歓迎ですよ）
- ■□□□ It was my pleasure.*
  （お役に立ててうれしいです）
- ■■□□ My pleasure.
  （よかったです）
- ■■■□ Any time!
  （いつでもどうぞ！）

解説 welcome「歓迎される」 most「もっとも」 pleasure「よろこび」

286 『なんでもありませんよ』
■■□□ **It was nothing.**

感謝されたときには、「なんでもないことですよ」「忘れてくださいね」などと、日本語でもよく言います。それらの英語バージョンを見ていきましょう。

Ⓐ: Thank you!
（ありがとう！）
Ⓑ: It was nothing.*
（なんでもないですよ）

言い換えフレーズ これも覚えたい！
- ■■■□ No problem.*
  （なんでもないよ）
- ■■□□ Not at all.*
  （なんでもないですよ）
- ■■■□ It was no big deal.*
  （たいしたことじゃないよ）

- ■■□□ I didn't do anything.
  (なにもしていませんよ)
- ■■■□ Forget it.
  (忘れちゃって！)
- ■■□□ Don't mention it.*
  (もう［お礼の言葉は］いいんですよ)

解説 nothing「なんでもないこと」 no problem「問題ない」 not at all「まったく…ない」 no big deal「一大事ではないこと」 Don't mention it. →「それには言及しないで」が直訳。

---

287 『こちらこそ感謝しないと』
■■□□ **I'm the one that needs to thank YOU!**

感謝への返事の応用編に入りましょう。「私のほうこそ、感謝しなければ」という意味になる言い回しのバリエーションです。

🅐: Thanks so much.
　（ほんとうにありがとう）
🅑: I'm the one* that needs to* thank YOU!
　（僕のほうこそ、あなたに感謝しなければ！）

言い換えフレーズ これも覚えたい！
- ■■■□ I should be thanking YOU!
  （こっちこそ君に感謝してなきゃいけないのに！）
- ■■□□ You're the one that needs thanking!*
  （君こそ感謝されるべき人だよ）
- ■■□□ He's/She's the one you should be thanking!
  （彼／彼女にこそ感謝すべきですよ！）
- ■■□□ Karen is the person* to thank!
  （カレンにこそ感謝すべきですよ！）

解説 one = person「人物」 need to ...「…する必要がある」 need thanking「感謝を必要とする；要求する」

---

288 『あなたも同じことをしてくれたでしょう』
■■□□ **You'd have done the same for me!**

「逆の立場であれば、相手も自分と同じことをしてくれただろう」という言い方もネイティヴはよくします。

🅐: Thanks so much!
　（ほんとうにありがとうございます！）
🅑: Not at all! You'd have done* the same* for me!
　（全然！ あなたも同じことをしてくれていたと思いますよ！）

言い換えフレーズ これも覚えたい！
- ■□□□ You'd do the same thing for me!
  （あなたでも同じことをしてくれるでしょう！）

Chapter 22 感謝とお礼のフレーズ

- ■□□ If the situation* had been reversed,* you'd have done the same for me.
  （立場が逆だったら、あなたも同じことをしてくれていたでしょう）
- ■□□ It's nothing you haven't done for me in the past.*
  （あなただって過去にしてくれたことでしょ）
- ■□□ It's nothing you wouldn't have done for me.*
  （あなただったら、私のためにしてくれたことでしょう）

解説 You'd have done「あなただったらしていただろう」 the same「同じこと」
situation「状況；立場」 be reversed「逆転する」
It's nothing you haven't done for me in the past. → 二重否定の文。否定語を抜いて、It's something you have done for me in the past. と同じ意味であると考えればわかりやすい。次の文も同様。

---

289 『ほんのわずかなことですから』
■■□□ **It's the least I can do.**

「自分のしたことはわずかなことだ」「相手がこれまでにしてくれたことに比べれば、最小限のことでしかない」といった謙遜の返答もあります。

Ⓐ: Thank you!
　（ありがとう）
Ⓑ: It's the least* I can do.
　（ほんのわずかなことですから）

言い換えフレーズ これも覚えたい！

- ■□□ It hardly repays* all that you've done* for me.
  （あなたのしてくれたことへのお返しにもなりませんよ）
- ■□□ Just a small show* of my appreciation.*
  （感謝の気持ちのほんの一部ですよ）
- ■□□ I'm just returning a favor.*
  （ご恩返ししているだけですよ）
- ■■■□ Are you kidding?* After all you've done for me?
  （冗談でしょ？ 君にはホントいろいろお世話になっているじゃないか）

解説 the least「最小限」 repay「払い戻す；返金する」
all that you've done「あなたがこれまでにしたこと」 small show「ちょっと見せること」
appreciation「感謝；感謝の気持ち」 return a favor「親切をお返しする」
kid「からかう；冗談を言う」

Chapter 23

謝罪のフレーズとその返事

Chapter 23 謝罪のフレーズとその返事

Part 62 相手に謝罪するフレーズ
Offering Apologies

CD 2-36

290 『ごめんなさい』
■■□□ **I'm sorry.**

謝罪の気持ちを表すときの基本英単語は sorry（すまないと思う）ですね。この1語を使うことで、さまざまなレベルの謝罪表現が可能です。

Ⓐ: That really caused me trouble.
　　（ほんとうに迷惑だったわ）
Ⓑ: I know. I'm sorry.
　　（わかってるよ。ごめんなさい）

言い換えフレーズ これも覚えたい！

■■□□ I'm really sorry.
　　（ほんとうにごめんなさい）
■■□□ I'm so sorry.
　　（ホントにごめんなさい）
■■■■ Sorry!
　　（ごめん！）
■■■■ Oh, sorry.
　　（あっ、ごめん）
■□□□ I'm terribly* sorry.
　　（ほんとうに申し訳ありません）
■□□□ I can't tell you how sorry I am.*
　　（言葉にできないほど後悔しています）

解説 terribly「ひどく」　how sorry I am「自分がどれほどすまないと思っているか」

291 『申し訳なく思っています』
■■■□ **I feel terrible about this.**

feel（…と感じている）という動詞を使った表現にも、謝罪を表すものがいくつもあります。

Ⓐ: It's completely ruined!
　　（完全に台無しだよ！）
Ⓑ: I feel terrible* about this.
　　（申し訳なく思っています）

言い換えフレーズ これも覚えたい！

■□□□ I can't tell you how bad I feel.
　　（言葉にできないほど申し訳なく思っています）
■■■□ I feel awful!*
　　（ホントに悪いと思ってる！）
■■■□ I feel horrible!*
　　（ホントに悪いと思ってる！）

Part 62　相手に謝罪するフレーズ

解説 feel terrible/awful/horrible「気がとがめる；申し訳ないと思う」

292 『謝ります』
■■□□ I apologize.

apologize（謝罪する）という動詞とその派生語も、謝罪表現では頻出です。

Ⓐ: Listen, I apologize.*
　　（ねえ、謝りますから）
Ⓑ: I'm going to overlook this.
　　（今回は見逃してあげるよ）

言い換えフレーズ　これも覚えたい！

- ■■■□ I really apologize.
  （ホントに謝るよ）
- ■■□□ I owe* you an apology.
  （君に謝らなきゃなりません）
- ■□□□ I apologize for my rudeness.*
  （無礼をお詫びいたします）
- ■□□□ I really have to apologize to you about this.
  （このことは、ほんとうにあなたに謝罪しなければなりません）

解説 apologize「謝る；謝罪する」　owe「借りがある；負っている」　rudeness「失礼；無礼」

293 『悪い！』
■■■■ My bad!

深刻な響きではなく、軽く謝りたいときにネイティヴが使うフレーズをまとめましょう。Unit 175 の失敗したときのひとことも参考にしてください。

Ⓐ: Hey! I was sitting there!
　　（ねえ！ そこ私が座ってんのよ！）
Ⓑ: Oops! My bad!*
　　（おっと！ 悪い！）

言い換えフレーズ　これも覚えたい！

- ■■■□ My mistake.
  （僕のミスだよ）
- ■■■■ I blew* it!
  （やっちゃった！）
- ■■■■ I screwed up!*
  （やっちゃった！）
- ■■■■ I fucked up!*
  （やっちまったよ！）
- ■■■■ I'm such a jerk!*
  （俺、ホントバカだよ！）

Chapter 23 謝罪のフレーズとその返事

解説 My bad. →「僕の悪い」が直訳。文法的には間違いだが、ネイティヴの会話には頻出。
blow「しくじる；とちる；ドジをやる」　screw up「しくじる」　fuck up「しくじる；失敗する」
jerk「間抜け；とんま」

Part 63　自分の責任を認めるフレーズ
Taking the Blame
CD 2-37

294　『私の責任です』
■■□□ **It was my fault.**

謝罪の場面では、自分に責任があるのなら、そのことを正直にきちんと伝えることも必要です。fault は「過失；過ち」という意味。

Ⓐ: **It was my fault.***
　（私の責任です）
Ⓑ: **I'm glad you can admit that.**
　（君が認めてくれてよかった）

言い換えフレーズ　これも覚えたい！

■■□□　**I'm completely to blame.***
　（完全に私の責任です）
■■□□　**I'm the one who should get the blame.***
　（責めを負わなければならないのは私です）
■■■□　**It was totally* my fault!**
　（完全に僕のせいなんだよ！）
■■■□　**Put the blame on* me.**
　（僕のせいだよ）
■□□□　**The fault rests with* me.**
　（過ちは私にあります）

解説 fault「過失；過ち」　to blame「責めを負うべき」　get the blame「責めを負う」　totally「完全に」
put the blame on …「…に責を負わせる」　rest with …「…にある」

295　『責任はすべて私が取ります』
■□□□ **I take full responsibility.**

ここでは、「自分が責任を取る」と伝える言い方をまとめておきます。「責任」は responsibility でしたね。

Ⓐ: **I take full responsibility.***
　（責任はすべて私が取ります）
Ⓑ: **I understand.**
　（わかりました）

Part 63 自分の責任を認めるフレーズ／Part 64 後悔と反省のフレーズ

言い換えフレーズ これも覚えたい！

- ■□□ I take full responsibility, and will make amends.*
  (責任はすべて私が取って、償いもいたします)
- ■■□□ I'm fully responsible.
  (責任は全部、私にあります)

解説 take responsibility「責任を取る」 make amends「償いをする；償う」

---

296 『大変ご迷惑をおかけしました』
■■■□ **I realize I caused you a lot of trouble.**

「迷惑をかけたのは自分だ」と相手に伝える表現もあります。「迷惑」にあたる英語は trouble です。

Ⓐ: I realize I caused you a lot of trouble.*
  (大変ご迷惑をおかけしました)
Ⓑ: As long as you realize it.
  (まあわかっているのなら)

言い換えフレーズ これも覚えたい！

- ■■□□ I know I put you to a lot of trouble.*
  (大変ご迷惑をおかけしました)
- ■■□□ I made a lot of trouble for you.
  (あなたには大変ご迷惑をおかけしました)
- ■■■□ I got you in trouble with your boss/parents.
  (上司の方／ご両親ともども、ご迷惑をおかけしました)

解説 cause someone a lot of trouble「…に大きな迷惑をかける」
put someone to a lot of trouble「…を大きなトラブルに投げ込む」

Part 64 後悔と反省のフレーズ
Words of Regret

CD 2-38

297 『わざとやったのではないんです』
■■□□ **I didn't do it on purpose.**

謝罪の場面には、後悔の念を表現する言い回しや、反省の気持ちを表すフレーズもつきものです。それらを見ていきましょう。

Ⓐ: I didn't do it on purpose.*
  (わざとやったのではないんです)
Ⓑ: I know you didn't.
  (それはわかっているよ)

言い換えフレーズ これも覚えたい！

- ■■■□ I didn't mean it.*
  (わざとじゃないんです)

Chapter 23 謝罪のフレーズとその返事

- ■■□□ I didn't mean to hurt* you.
  (傷つけるつもりじゃなかったんです)
- ■■□□ I never* meant to hurt you.
  (傷つけるつもりなんてなかったんです)
- ■■□□ I wasn't trying to* hurt.
  (傷つけようと思ったわけじゃないんです)
- ■■□□ I didn't want to hurt you.
  (傷つけたかったわけではないんです)

解説 on purpose「わざと；意図的に」 mean it「そういうつもりでする；言う」
mean to hurt「傷つけるつもりだ」 never …「決して…ない」 try to …「…しようとする」

---

298 『後悔しています』
■■□□ **I regret this.**

後悔の念を表現するときの必須単語は、regret（後悔する）です。

Ⓐ: I regret this.
(後悔しています)

Ⓑ: I understand.
(わかりました)

言い換えフレーズ これも覚えたい！

- ■■□□ I really regret this has happened.*
  (こうなったことを後悔しています)
- ■■□□ I regret my actions.*
  (自分の行動を後悔しています)
- ■□□□ I regret my behavior.*
  (自分の振る舞いを後悔しています)
- ■□□□ I am very regretful.*
  (後悔の念でいっぱいです)
- ■□□□ I need to reflect on* my behavior.
  (自分の行動を反省する必要があります)
- ■□□□ I shall reflect on my behavior, and make amends.*
  (行動を反省して、償います)

解説 happen「起こる；生じる」 actions「行動」 behavior「振る舞い」
regretful「後悔の念でいっぱいの」 reflect on …「…を反省する」 make amends「償う」

Part 64 後悔と反省のフレーズ

299 『言ってはいけないことを口にしました』
■□□□ **I said some things I shouldn't have.**

言うべきでないことを口にしてしまったときの反省の弁を紹介しましょう。

🄐: I said some things I shouldn't have.*
　（言ってはいけないことを口にしました）
🄑: You certainly did!
　（確かにそうですよね！）

言い換えフレーズ これも覚えたい！

■□□□ I didn't choose my words* carefully.
　（もっと言葉を選ぶべきでした）
■□□□ I spoke in haste.*
　（慌てて話をしてしまいました）
■□□□ I spoke without thinking.*
　（考えなしに話をしました）
■□□□ My words were poorly chosen.*
　（言葉の選択が稚拙でした）

解説 shouldn't have「…すべきでなかった」　choose one's words「言葉を選ぶ」　in haste「慌てて」
without thinking「考えることなしに」　poorly chosen「稚拙に選ばれた」

300 『自分の発言を取り消せたらよいのですが』
■■□□ **I wish I could take back what I said.**

自分の発言の過ちは、できれば取り消したい気持ちになります。

🄐: I wish I could* take back* what I said.*
　（前言を取り消せたらいいのですが）
🄑: We all feel like that sometimes.
　（時として、だれでもそういう気持ちになりますよ）

言い換えフレーズ これも覚えたい！

■■■□ I take back what I said.
　（言ったこと取り消すよ）
■■■□ I take it all back.
　（全部取り消すよ）
■■□□ I didn't mean it!*
　（そんなこと言いたかったんじゃないんだ！）
■■□□ I didn't mean what I said!
　（僕の言葉はそういう意味じゃないんだ！）
■■□□ I didn't mean a word of it!*
　（僕の言葉は全然そういう意味じゃないんだ！）

解説 I wish I could …「…できたらなあと思う」　take back「取り消す」
what I said「自分の言ったこと」　mean it「そう意図する」
not mean a word of it「全然その言葉を意味しない」

Chapter 23 謝罪のフレーズとその返事

301 『もう二度としませんから』
■■□□ I'll never do it again.

謝罪のシーンでは、同じことは二度としないと相手に訴えかける言葉もよく使われます。

A: I'll never do it again.*
（もう二度としませんから）
B: I'm counting on THAT!
（そう願いたいところだな）

言い換えフレーズ これも覚えたい！

■□□□ I promise not to* do it again.
（二度としないと約束いたします）
■■□□ I promise this is the last time.
（これが最後だと約束します）
■■■□ It won't happen again.
（もう二度とこういうことはないよ）
■■■□ This won't happen again.
（もう二度とこういうことはしないよ）

解説 again「再び」 promise not to ...「…しないと約束する」

302 『償いはいたします』
■■□□ I'll make it up to you.

「自分のやったことの償いはします」と訴えながら後悔の念を伝える場合もあります。

A: I'll make it up* to you.
（償いはいたします）
B: Okay, as long as you're sincere about that.
（君が心から言っているのなら、いいでしょう）

言い換えフレーズ これも覚えたい！

■■■□ I'll make it up to you somehow!*
（なんとかして償うよ！）
■■■□ I swear* I'll make it up to you!
（誓って償いをするから！）
■■□□ I'll make amends.*
（償いをしますので）
■■■□ I'll make it right.*
（ちゃんと償うよ）
■■■□ I'll make it right somehow.
（なんとかしてちゃんと償うから）

解説 make it up「償う」 somehow「なんとかして」 swear「誓う」 make amends「償う」 make it right「ちゃんとする；償う」

Part 65 相手に許しを請うフレーズ
Asking for Forgiveness

303 『許してください』
■■□□ Please forgive me.

謝罪表現とともに、相手に許しを請う表現も覚えましょう。

- **A**: Please forgive* me.
  (どうか許してください)
- **B**: I know you were trying your hardest.
  (君がベストを尽くしていたのはわかっているよ)

言い換えフレーズ これも覚えたい！
- ■□□□ I can only hope you'll forgive me.
  (許していただけると期待することしかできません)
- ■□□□ Can you ever forgive me?
  (お許しをいただけるでしょうか？)
- ■□□□ Are you willing to* overlook* it?
  (お見逃しいただくことはできますか？)
- ■■□□ I hope you'll overlook it (this time).
  (今回だけは、お見逃しいただければ)

【解説】forgive「許す」 be willing to …「…するのにやぶさかでない」 overlook「見逃す；見過ごす」

304 『仲直りできるかな？』
■■□□ Can we make up?

相手に許しを求めながら、仲直りできないか、関係をもとの良好なものに戻せないかと、相手に向かってたずねることもあります。

- **A**: Can we make up?*
  (仲直りできるかな？)
- **B**: I'll have to think about it.
  (それは考えてみないと)

言い換えフレーズ これも覚えたい！
- ■■□□ Can we patch things up?*
  (仲直りできますか？)
- ■■□□ Can't we patch this up?
  (仲直りはできませんか？)
- ■■■□ Can't we make nice?*
  (僕たち仲よくできないのかな？)
- ■■□□ Are we still friends?
  (まだ友人ですよね？)
- ■■■□ Still friends?
  (まだ友達だよね？)

【解説】make up = patch up「仲直りする」 make nice「仲よくする」

Chapter 23 謝罪のフレーズとその返事

Part 66 謝罪を受け入れる表現
Expressions of Forgiveness

CD 2-40

305 『大丈夫だよ』
It's okay.

ここからは相手の謝罪を受け入れて許すときの言い回しをチェックしていきましょう。

A: I'm so sorry.
　（ごめんね）
B: It's okay.*
　（大丈夫だよ）

言い換えフレーズ これも覚えたい！

- It's all right.*
  （大丈夫だよ）
- Just forget* it.
  （忘れてよ）
- Forget it.
  （忘れて）
- It's forgotten.
  （忘れましたよ）
- Let's just forget it happened.*
  （なかったことにしましょう）
- It's no big deal.*
  （たいしたことじゃないよ）
- It never happened.
  （なにもなかったんだよ）

解説 be okay = be all right「大丈夫だ」　forget「忘れる」
forget it happened「それが起こったこと（自体）を忘れる」　big deal「一大事；重要なこと」

306 『大目に見ますよ』
I'm going to overlook it.

相手の謝罪の言葉を、「今回は大目に見ますよ」と言いながら受け入れるときの言い回しです。

A: Please forgive me.
　（どうか許してください）
B: I'm going to overlook it.
　（今回は大目に見ましょう）

言い換えフレーズ これも覚えたい！

- I'm willing to* overlook it.
  （今回は大目に見ましょう）

■□□□ I'm willing to overlook it this time.
（今回は大目に見ましょう）
■□□□ I'm willing to overlook it just this once.*
（今回だけは大目に見ましょう）

解説　be willing to ... 「…する気持ちの用意がある；…するのにやぶさかでない」
　　　just this once 「今度だけは；今回だけは」

307 『謝罪を受け入れます』
■□□□ **I forgive you.**

相手の謝罪を受け入れ、許しを与えるときの、フォーマルな響きの言い回しです。

Ⓐ: I'm so terribly sorry!
（ほんとうに申し訳ありません！）
Ⓑ: I forgive* you.
（謝罪を受け入れますよ）

言い換えフレーズ これも覚えたい！
■□□□ You're forgiven.*
（謝罪を受け入れます）
■□□□ It's forgiven.
（謝罪を受け入れます）

解説　forgive「許す」　be forgiven「許された」

308 『だれにも過ちはあるよ』
■■■□ **We all make mistakes.**

「だれでも失敗することはある」などと引き合いに出しながら、相手の謝罪を受け入れる言い回しもあります。

Ⓐ: I'm really sorry.
（ほんとうにごめんなさい）
Ⓑ: We all make mistakes.*
（だれにでも過ちはあるさ）

言い換えフレーズ これも覚えたい！
■■■□ Nobody's perfect.*
（だれも完璧ではないさ）
■■■□ I'm not perfect either.*
（僕だって完璧じゃないしね）
■■■□ I'm far from* perfect myself!
（僕だって完璧とはほど遠いから）
■■■□ I know you didn't mean* it.
（わざとやったわけじゃないのは、わかってるから）

解説 make mistakes「過ちを犯す」 perfect「完璧」 not ... either「も…ない」
be far from ...「…とはほど遠い」 mean「意図する」

---

309 『二度とないようにね！』
■■■□ Just don't let it happen again!

「二度と同じ過ちのないように」と諭すときの英会話フレーズも覚えましょう。

🅐: I'm so sorry!
　（ごめんなさい！）
🅑: Just don't let it happen* again!
　（二度としないでよ！）

言い換えフレーズ これも覚えたい！

■■■□ This better not* happen again!
　（二度と起こらないようにするんだぞ！）
■■□□ Next time, I won't be so forgiving!
　（次回はこれほど寛容ではないですからね！）
■■■□ You'd better not* try it again!
　（二度としないようにしなさいよ！）
■■■□ That's the last time I'll put up with* it!
　（我慢するのは最後だからな！）

解説 let it happen「それを生じさせる；それを起こす」
(had) better not ...「…しないほうがいい（さもないと…）」→ better not や had better not などには、相手に警告を与えるニュアンスがある。
put up with ...「…を我慢する」

Part 67　相手を許せないとき
Refusing to Forgive

310 『許すつもりはありませんよ！』
■■□□ I'm not going to forgive you!

相手をどうしても許せないときには、そのように伝えるしかありません。そういうときには、その意図をはっきりと伝えることです。

🅐: Look, I'm really sorry!
　（ほんとうにごめんなさい！）
🅑: I'm not going to* forgive you!
　（許すつもりはないですから！）

言い換えフレーズ これも覚えたい！

■■□□ I'll never forgive you!
　（絶対に許しはしません！）

Part 67　相手を許せないとき

- ■■□□ I'm not willing to* forgive you!
 （許す気持ちはありません）
- ■■□□ I'm not going to forgive this!
 （これは許すわけにはいきません）
- ■■□□ This I don't forgive!
 （これは許せません！）
- ■■■□ You went too far* this time!
 （今回のお前はやり過ぎなんだよ！）
- ■■■□ It's too late* to apologize!
 （謝ってももう遅いんだよ！）

解説 be not going to ...「…するつもりはない」　be not willing to ...「進んで…するつもりはない」　go too far「度を超してやりすぎる」　too late「遅すぎる」

| 311 | 『まだ許せる気分じゃない』
■■■□ **I'm not ready to make up!**

このChapterの最後のフレーズセットです。相手の謝罪は受けたが、まだ許せる心情ではない場合の言い回しをチェックしてきましょう。

Ⓐ: I'm not ready to* make up!
　（まだ許せる気分じゃないよ）
Ⓑ: I understand that you need time.
　（時間がかかるのはわかります）

言い換えフレーズ　これも覚えたい！

- ■■■■ I'm not ready to make nice!
 （まだ仲直りする気分じゃないよ！）
- ■■□□ I'm not ready to forgive you.
 （まだ許せる気分じゃないんです）
- ■■□□ I need more time.*
 （まだ時間がかかります）

解説 be not ready to ...「…する準備ができていない」　need more time「もっと時間が必要だ」

Chapter 24

祝日のあいさつ、弔意の表現

Part 68 祝日のあいさつ表現 / Greetings for Special Days

312 『明けましておめでとう！』
■■■□ **Happy New Year!**

この Chapter では、祝日のあいさつや、不幸のあった人への話しかけ方、さらに葬儀の場などで同情の気持ちを表す表現をまとめます。まずは、おめでたい祝日のあいさつをチェックしましょう。

Ⓐ: Happy New Year!
 （明けましておめでとう！）
Ⓑ: Yay! Happy New Year!
 （イエーイ！ おめでとう！）

言い換えフレーズ　これも覚えたい！

■■■□ Happy Birthday!*
 （誕生日、おめでとう）
■■■□ Merry Christmas!
 （メリークリスマス！）
■■■□ Happy Easter!
 （ハッピーイースター！）
■■■□ Happy Thanksgiving!
 （感謝祭おめでとう！）
■■■□ Happy Mother's/Father's Day!
 （母の日／父の日おめでとう！）
■■■□ Happy Halloween!
 （ハッピーハロウィン！）
■■□□ Congratulations on* your baby!
 （赤ちゃん誕生、おめでとう！）
■■□□ Congratulations on your wedding!*
 （結婚おめでとう！）
■■□□ Congratulations on your graduation!*
 （卒業おめでとう！）

解説 birthday「誕生日」　congratulations on ...「…おめでとう」　wedding「結婚」　graduation「卒業」

Part 69 葬儀や不幸な場面のひとこと / Expressing Condolences and Deep Sympathy

313 『ご愁傷さまです』
■■□□ **My condolences.**

葬儀などで使うお悔やみの基本表現をチェックしましょう。condolence は「お悔やみ（の言葉）；弔辞」ですね。

Ⓐ: My condolences. （ご愁傷さまです）
Ⓑ: Thank you. （ありがとうございます）

Chapter 24 祝日のあいさつ、弔意の表現

言い換えフレーズ これも覚えたい！

- ■□□ Please accept* my condolences.
  （ご愁傷さまでございます）
- ■□□ I'm sorry for your loss.*
  （心中、お察しいたします）
- ■□□ I can't find the words to say* how sorry I am.
  （言葉が見つかりません）
- ■■□□ I have no words.
  （言葉がありません）
- ■■□□ You must be so devastated.*
  （お察しいたします）
- ■□□ I can't tell you how sorry I am.
  （言葉が見つかりません）
- ■□□ I can't imagine* what you are going through.*
  （お察しできないほどの悲しみだと思います）

解説 accept「受ける；受け取る」 loss「失うこと」 words to say「言うべき言葉」
devastated「打ちのめされた」 imagine「想像する」 go through「（困難を）経験する；通り抜ける」

314 『お察しいたします』
■■□□ **You have my sympathies.**

ここでは、大事な人をなくした相手に同情するひとことを見ていきます。sympathy は「同情；共感」です。

Ⓐ: My grandfather passed away a few months ago.
（祖父が数カ月前に亡くなったんです）
Ⓑ: I see. You have my sympathies.*
（そうですか。お察しいたします）

言い換えフレーズ これも覚えたい！

- ■□□ You have my deepest* sympathies.
  （ほんとうにお気の毒でした）
- ■■■□ My sympathies.
  （お気の毒に）

解説 sympathy「同情；共感」 deepest「もっとも深い」

315 『私になにかできることがあれば』
■■□□ **Let me know if I can do anything.**

同情の言葉とともに投げかけてあげるのに相応しいフレーズをいくつか紹介しておきましょう。

Ⓐ: Let me know* if I can do anything.
（私にできることがあればなんでも言ってくださいね）
Ⓑ: Thank you. You're very kind.
（ご親切に、ありがとうございます）

Part 69 葬儀や不幸な場面のひとこと

言い換えフレーズ これも覚えたい！

- ■□□ Let me know if there is anything I can do.
  (なにかできることがあれば、教えてください)
- ■□□ Don't hesitate to* let me know if there is anything I can do.
  (できることがあれば、遠慮なくおっしゃってください)
- ■■■ Whatever you need,* just say it!
  (なんでも必要なことがあれば、すぐに言って！)
- ■■□ Just know that you have lots of support!*
  (あなたには味方がたくさんいるのを覚えておいてね！)
- ■■□ We'll get through* this together.
  (いっしょに乗り越えましょう)

解説 let me know「私に知らせて」 hesitate to ...「…することをためらう；踏躇する」 whatever you need「あなたが必要なものならなんでも」 lots of support「多くの助け；サポート」 get through「乗り越える」

---

316 『すべて時間が癒してくれますよ』
■□□ **Time heals all wounds.**

つらい時期の心のもちよう、ものの考え方などをアドバイスしてあげる表現です。

Ⓐ: I know it's hard now, but time heals all wounds.
(いまは大変だろうけど、時間がすべてを癒してくれますよ)

Ⓑ: Thank you; I'll remember that.
(ありがとう。覚えておくわ)

言い換えフレーズ これも覚えたい！

- ■□□ This too shall pass.*
  (やがてこの苦しみだって過ぎ去っていきますよ)
- ■□□ That which doesn't kill* us makes us stronger.*
  (私たちを殺してしまわないものは、私たちを強くしてくれるものです)
- ■□□ When God closes a door, He opens a window.
  (神がドアを閉じるときには、窓をお開けになるものですから)
- ■□□ Every cloud has a silver lining.*
  (すべての雲には銀の裏打ちがついていますから)

解説 pass「過ぎ去る」 kill「殺す」 stronger「さらに強く」
Every cloud has a silver lining. → 直訳は「どの雲にも、銀の裏地がついている」。どんな悪いときにも、必ず希望の光はあるという意味。Unit 230 も参照。

Chapter 25

緊急時の英語、注意喚起の表現

Part 70 注意を喚起するひとこと
Giving Warnings about Danger

CD 2-44

317 『注意して！』
■■■□ **Be careful!**

最後の Chapter では、危機に瀕したときなどに使うフレーズを覚えましょう。特に実際に外国に出かけるときには有益なフレーズばかりです。

Ⓐ: Be careful!
　（注意して！）
Ⓑ: I'll be all right!
　（大丈夫だよ！）

言い換えフレーズ これも覚えたい！

■■■□ Watch out!*
　（気をつけろ！）
■■■□ Watch it!
　（気をつけて！）
■■■□ Watch your step!*
　（足元、気をつけて！）
■■■□ Watch yourself!
　（注意して！）
■■■□ Look out!*
　（注意して！）

解説　watch out = look out「注意する」　step「足元」

---

318 『逃げろ！』
■■■■ **Run for your lives!**

危険が迫ったときの「逃げろ！」「走れ！」という意味のフレーズです。

Ⓐ: Run for your lives!*
　（逃げろ！）
Ⓑ: Hurry, he's coming!
　（急いで、あいつが来てる！）

言い換えフレーズ これも覚えたい！

■■■■ Let's get out of here!*
　（逃げろ！）
■■■■ Run!*
　（走れ！）
■■■■ Quick! Let's beat it!*
　（急いで！逃げろ！）
■■■■ Don't look behind* you!
　（振り返るな！）

Chapter 25　緊急時の英語、注意喚起の表現

解説 for one's lives「命がけで」　get out of here「ここを出る；逃げる」　run「逃げる」　beat it「逃げる」
behind ...「…の後ろを」

319　『気をつけて！』
■■■■ **Heads up!**

危険なものがこちらに飛んできたときなどに発する、とっさのひとことです。

Ⓐ: **Heads up!***
　（気をつけて！）
Ⓑ: **Oh, thanks! That almost hit me!**
　（ありがとう！ もうちょいで当たるところだった！）

言い換えフレーズ　これも覚えたい！
■■■■ **Duck!***
　（よけろ！）
■■■□ **Watch your head!**
　（頭に注意しろ！）
■■■■ **Get down!***
　（伏せろ！；しゃがめ！）
■■■■ **Hit the dirt!***
　（伏せろ！）

解説 Heads up! → しっかり頭を上げて［前を向いて］注意しろ、という意味。
Duck! → どういう姿勢になってもいいからよけろ、という意味。
Get down! → 姿勢を低くしろ、という意味。
Hit the dirt! → からだ全体で地面に伏せろ、という意味。

320　『前を見てろ！』
■■■□ **Look straight ahead!**

もう少し注意喚起のフレーズをチェックしておきます。

Ⓐ: **Look straight ahead!***
　（まっすぐ前を見てろ！）
Ⓑ: **I'll be careful!**
　（わかってる！）

言い換えフレーズ　これも覚えたい！
■■■□ **Keep your eyes in front of* you!**
　（前を見ていろ！）
■■□□ **Watch where you're going!**
　（前方を見ろ！）
■■□□ **Keep your eyes wide open!***
　（目を大きく見開いていろ！）

解説 straight ahead「まっすぐ前を」　in front of ...「…の正面に」　wide open「大きく開いて」

234

Part 71 危険な場面のサバイバル英語
Expressions for Emergency Situations

321 『そのまま動くな！』
Hold it right there!

ここから先は、犯罪など、実際に身の危険が迫っている場面の英語表現をチェックします。特に、相手が英語でしゃべっていることは理解できるようになっておきたいものです。

A: Hold it* right there!
（そのまま動くな！）
B: Okay, okay!
（わかった、わかったよ！）

言い換えフレーズ　これも覚えたい！

- Freeze!*
  （動くな！）
- Don't move!*
  （動くな！）
- Don't make a move!
  （動くな！）
- Don't move a muscle!*
  （少しも動くな！）
- Stop right there!
  （そこで止まれ！）
- Stop!
  （止まれ！）

【解説】Hold it!「動くな！；止まれ！」 freeze「凍りつく；制止する」 move「動く」 muscle「筋肉」

---

322 『手を挙げろ！』
Put your hands up!

拳銃などを突きつけて、「手を挙げろ！」と言うときのひとこと。聴き取りはできるようにしておくことが必要ですね。

A: Put your hands up!*
（手を挙げろ！）
B: Okay, don't shoot!
（わかった、撃たないでくれ！）

言い換えフレーズ　これも覚えたい！

- Hands up!
  （手を挙げろ！）
- Hands over* your head!
  （手を頭の上に挙げろ）

Chapter 25 緊急時の英語、注意喚起の表現

■■■□ Put your hands where I can see* them!
（手をこちらから見える場所に置け！）

解説 up「上へ；上方へ」 over ...「…の上へ」 where I can see「私に見えるところ」

323 『静かにしろ！』
■■■□ **Keep quiet!**

騒いでいる者を静かにさせる命令文も紹介しておきます。いずれの表現も、特に相手を脅す場面でなくても使用可能です。

Ⓐ: Please don't do anything!
　（お願いです、危害は加えないで！）
Ⓑ: Keep quiet!*
　（静かにしていろ！）

言い換えフレーズ これも覚えたい！

■■■□ Don't make a sound!*
　（音を立てるな！）
■■■■ Keep your mouth shut!*
　（口を閉じろ！）
■■■■ Don't make a peep!*
　（声を出すな！）

解説 keep quiet「静かにする」 make a sound「音を立てる」 keep ... shut「…を閉じている」 peep「小声；物音」

324 『言うとおりにするから！』
■■■□ **I'll do whatever you say!**

「言うとおりにする」「撃たないでくれ」など、強盗などに脅されたときに使う応答フレーズもチェックしておきましょう。身の安全の確保には必要なものばかりです。

Ⓐ: Hands up!
　（手を挙げろ！）
Ⓑ: I'll do whatever you say!*
　（言うとおりするから！）

言い換えフレーズ これも覚えたい！

■■■■ Don't shoot!*
　（撃たないでくれ！）
■■■□ Don't hurt* me!
　（傷つけないで！）
■■■□ I'm not moving!
　（じっとしているよ！）
■■■■ It's cool!*
　（落ち着いてくれ！）

解説 whatever you say「あなたの言うことならなんでも」 shoot「撃つ」 hurt「傷つける」
It's cool. → 興奮している相手を落ち着かせるときに使うフレーズ。

■ 著者略歴

長尾 和夫(Kazuo Nagao)

福岡県出身。南雲堂出版、アスク講談社、NOVAなどで、大学英語教科書や語学系書籍・CD-ROM・Webサイトなどの編集・制作・執筆に携わる。現在、語学書籍の出版プロデュース・執筆・編集・翻訳などを行うアルファ・プラス・カフェ（www.alphapluscafe.com）を主宰。『絶対『英語の耳』になる！リスニング50のルール』（三修社）、『英会話 見たまま練習帳』（DHC）、『英語で自分をアピールできますか？』（角川グループパブリッシング）、『つぶやき英語』（アスク出版）、『ネイティブ英語がこう聞こえたら、この英語だ！』（主婦の友社）、『使ってはいけない英語』（河出書房新社）などのほか、著訳書・編集は200点余りに及ぶ。『CNN English Express』（朝日出版社）、『English Journal』（アルク）など、雑誌媒体への寄稿や、ブログ（メルマガ）『Kaz & Andy の毎日の英会話』の執筆も行っている。

アンディ・バーガー(Andy Boerger)

米国出身。オハイオ州立大学で BFA を取得。横浜国立大学講師。サイマルアカデミー CTC（Simul Academy Corporate Training Center）、アルク、タイムライフなどでの英会話講師経験を活かし、A+Café（アルファ・プラス・カフェ）の主要メンバーとして、多岐にわたる語学書籍の執筆に活躍中。主著に、『聴こえる！話せる！ネイティヴ英語発音の法則』『ネイティヴみたいに主張する！ 激論 English』（DHC）、『英語で日本を説明できますか？』（三修社）、『英語で返事ができますか？』（角川グループパブリッシング）、『ビジネスパワー英語入門 243』（パンローリング）などがあるほか、英字紙『The Daily Yomiuri』（読売新聞社）、『AERA English』（朝日新聞社）などのイラストも担当。

感情・気持ちをネイティヴに完璧に伝える
英会話表現1800フレーズ

2010年8月10日　第1刷発行

著　者	長尾和夫　アンディ・バーガー
発行者	前田俊秀
発行所	株式会社三修社

〒150-0001　東京都渋谷区神宮前2-2-22
TEL 03-3405-4511　FAX 03-3405-4522
振替 00190-9-72758
http://www.sanshusha.co.jp/
編集担当 北村英治

印刷・製本　壮光舎印刷株式会社

©2010 A+Café　Printed in Japan

ISBN978-4-384-05621-1 C2082

®〈日本複写権センター委託出版物〉
本書を無断で複写複製（コピー）することは、著作権法上の例外を除き、禁じられています。
本書をコピーされる場合は、事前に日本複写権センター（JRRC）の許諾を受けてください。
JRRC〈http://www.jrrc.or.jp　e-mail : info@jrrc.or.jp　電話: 03-3401-2382〉

実況中継CD-ROMブックス
山口俊治のトークで攻略
英文法フル解説エクササイズ
問題編

〈とりはずしてお使いください〉

CONTENTS...

第1回	動詞・文型 (1)	1
第2回	動詞・文型 (2)	7
第3回	時　制	13
第4回	受動態	21
第5回	助動詞	27
第6回	仮定法	33
第7回	話法・数の一致	39
第8回	不定詞	47
第9回	分詞・動名詞	53
第10回	名詞・代名詞・冠詞	59
第11回	形容詞・副詞・疑問詞	69
第12回	関係詞	77
第13回	比　較	83
第14回	否定・比較	91
第15回	否　定	99
第16回	接続詞	107
第17回	前置詞	115
第18回	出題形式別・実戦問題演習 (1)	123
第19回	出題形式別・実戦問題演習 (2)	131
第20回	出題形式別・実戦問題演習 (3)	139

第1回

動詞・文型（1）

1

英文の構造を次の5つの形式に分類するとして，(1)〜(10)の英文はどの形式になるか。答えはA，B，C，D，Eの記号を用いて示しなさい。

A ……　第1形式　　　　主語＋動詞
B ……　第2形式　　　　主語＋動詞＋補語
C ……　第3形式　　　　主語＋動詞＋目的語
D ……　第4形式　　　　主語＋動詞＋目的語＋目的語
E ……　第5形式　　　　主語＋動詞＋目的語＋補語

(1) Which part of the United States does Professor Stout come from?
(2) The governor set the prisoners free.
(3) She showed us a nice collection of poems.
(4) The strange smell hung heavy in the air.
(5) The amount of homework drives all the students crazy.
(6) He never succeeded in forgetting the tragic accident.
(7) Don't you think it stupid of her to do such a thing?
(8) They felt very cold at the seashore.
(9) Your information will certainly guide us to a proper decision.
(10) He stayed quiet all through the meeting.

(1)	(2)	(3)	(4)	(5)	(6)	(7)	(8)	(9)	(10)

2 次の各組の(A), (B), (C)の中には，それぞれ1つだけ文型が他の2つと異なるものがあります。それを選び，○で囲みなさい。

(1) (A) He laughed loudly.
　　(B) He looked lonely.
　　(C) He spoke slowly.

(2) (A) You'll be called a coward.
　　(B) You'll be given a book.
　　(C) You'll be told a lie.

(3) (A) She worked hard.
　　(B) She swam fast.
　　(C) She smelled nice.

(4) (A) She considers him an expert.
　　(B) She gives her friends nicknames.
　　(C) She calls him her boyfriend.

(5) (A) He'll be appointed an assistant.
    (B) He'll be sent a letter.
    (C) He'll be taught English.

(6) (A) He walked rapidly.
    (B) He sounded friendly.
    (C) He talked stupidly.

(7) (A) I found her a very nice seat.
    (B) I found her a very nice girl.
    (C) I found her very clever.

(8) (A) She will be asked a question.
    (B) She will be named a director.
    (C) She will be awarded a prize.

3 各文の文型を考えて，日本語に訳しなさい。

(1) I have always thought the actions of men the best interpreters of their thoughts.

(2) She flung the door wide open for him, silently watched him go out, and not until she heard the front door close behind him did she make a move at all. But then she threw herself down upon the sofa and burst into tears.

第 2 回

動詞・文型（2）

1 (　)内の語句のうち適当なものを選び，その語句を○で囲みなさい。

(1) He (hang / hung / hanged) his coat in the closet.

(2) Weren't you surprised to (hear / hear of / have heard) his success?

(3) Please (reply / reply to / answer to) this letter soon.

(4) The girl did not (look / look at / look into) me in the face.

(5) Somebody (stole / robbed / robbed of) my bag on the train.

(6) Who is your sister going to (marry / marry with / get married)?

(7) We (discussed / discussed about / discussed on) how to solve the problem.

(8) Did he (mention about / mention / mention of) that terrible accident?

(9) The soldiers (lay / laid / were lain) down their arms and surrendered.

(10) I wanted to buy something to (remember / remind / remind of) me of my trip to Alaska.

2 各文中の空所(1)～(12)に入れるのに適した動詞を [ ] の中から選んで，その正しい形を書きなさい。ただし，文頭の語も小文字で示してあります。

(例) [make, do]   He (   ) his best to help me. (答) did
(a)　[rise, raise]   The box is too heavy; I can't (1) it.
(b)　[sit, seat]   The teacher (2) the boys as they came in.
(c)　[wear, put on, dress] It takes him a lot of time to (3) his clothes.
(d)　[fly, flow]   The birds have (4) north for the summer.
(e)　[flow, flee]   The wild horses have (5) from the man.
(f)　[take, bring]   John (6) his wife to the theater last night, and afterward (7) her to our house to supper.
(g)　[lie, lay]   (8) on the table was the book that (9) there the previous evening; it had (10) there for some days.
(h)　[give, feed]   The cat has been (11) on milk.
(i)　[steal, rob]   He had his money (12) in the train.

(1) _____　(2) _____　(3) _____　(4) _____
(5) _____　(6) _____　(7) _____　(8) _____
(9) _____　(10) _____　(11) _____　(12) _____

3 次の文を（　）内の指示にしたがって英語に直しなさい。

(1) 雨が降ったので私は外出できませんでした。
　　（keep を用いて単文で）

　　_____

　　_____

(2) このバスに乗れば，お探しになっている大学に行けます。
　　（This bus ... で始めて）
　　This bus _____

　　_____

(3) 彼女はなぜそんなことをしたのだろうか。
　　（What を主語にして）
　　What _____

　　_____

(4) 美術館に行けば，すばらしい絵画がたくさん見られる。
　　(enable を用いて)

_____

_____

(5) この写真を見ると楽しかった昔のことを思い出します。
　　(This picture を主語にして)
　　This picture _____

_____

第3回

時 制

1 次の英文の( )内に入れるのに最も適当なものを，それぞれ(a)〜(e)から1つずつ選び，その記号を○で囲みなさい。

(1) By next September Jane (   ) the piano for three years.
　　(a) will have been learning　(b) had learned　(c) will learn
　　(d) has been learning　　　(e) has already learned

(2) Would you please give him this note the moment he (   )?
　　(a) arrives　　　(b) arrived　　　(c) will arrive
　　(d) is going to arrive　(e) was arriving

(3) The prices (   ) up since a few weeks ago.
　　(a) went　　　(b) have gone　　　(c) is gone
　　(d) had gone　(e) will have been going

(4) Please wait till I (　　) this work.
　(a) shall have done　　(b) shall be done　　(c) will do
　(d) have done　　(e) am going to have done

(5) It (　　) ten years since my grandfather died.
　(a) has passed　　(b) has past　　(c) has been
　(d) has been passed　　(e) had been

(6) We (　　) five minutes when we were caught in a shower.
　(a) have hardly walked　　(b) had hardly walked
　(c) did not walk　　(d) had not been walked
　(e) were not walking

2 (a)〜(n)の文について，（　）内の動詞を正しい形に書き直しなさい。

（例1）　Mary (eat) lunch right now.　　（答）　is eating
（例2）　It is five years since he (die).　（答）　died

(a) Tell it to John when he (come) tomorrow afternoon.

(b) Jack (be) ill for a few days when he was sent to the hospital.

(c) If you have heard anything from him, please tell me what (become) of him recently?

(d) Mr. May (live) here for twenty years by April next.

(e) John was ill, so he (lie) in bed all day long.

(f) Mr. White (go) to Singapore and his place is empty.

(g) Let her have some supper before she (go) to bed.

(a) _____　　(b) _____　　(c) _____

(d) _____　　(e) _____　　(f) _____

(g) _____

(h) The tears rose to her eyes, but she (hide) them from her friend.

(i) My typewriter was broken last year. I (have) it since 1975.

(j) The hill was steep and the road (wind) up to the top.

(k) Everything went on as I (expect).

(l) The meeting will be held out of doors unless it (rain).

(m) My father (be) in London before, so the experience of seeing the city was not new to him.

(n) My uncle $_1$(go) to Portugal five years ago. Since then he $_2$(not speak) Portuguese, and he says he $_3$(forget) nearly all he $_4$(learn) there.

(h) _____ (i) _____ (j) _____

(k) _____ (l) _____ (m) _____

(n) 1 _____ 2 _____ 3 _____

4 _____

3 (1)〜(2)の英文の意味を変えずに、それぞれ下に示された書き出しにしたがって書き直しなさい。

(1) She did not come in till we took our seats.
When she came in, _____.

(2) They got married three years ago.
They have _____.

Three years _____.

It _____.

4 次の文を英語に訳しなさい。

　私はいなかで生まれ，15歳のとき両親とともに東京へ移った。その後ここで暮らしており，おそらく死ぬまでここにいるだろう。

第4回

受動態

1 (1)〜(8)の英文を受動態にして，下の文を完成させなさい。

(1) Someone left all the windows open all night.
All the windows _____.

(2) They are pulling down the building opposite our school.
The building _____.

(3) Didn't you see anyone come out?
Wasn't _____

(4) Who will take charge of the class next semester?
Who _____

(5) You will have to put up with some troubles.
　　Some troubles _____.

(6) We sometimes call the computer an electronic brain.
　　The computer _____.

(7) We should make much use of this encyclopedia.
　　(a) Much use _____.
　　(b) This encyclopedia _____.

(8) They say that Mr. Jones was a minor politician.
　　(a) It _____.
　　(b) Mr. Jones _____.

2 (1)〜(4)の各組には正しくない英文がそれぞれ1つずつ含まれています。その正しくない英文の記号を下の解答欄に書きなさい。

(1) (a) Mary's hat was blown off by the strong wind.
　　(b) Mary was blown off her hat by the strong wind.
　　(c) Mary had her hat blown off by the strong wind.

(2) (a) I was pointed out my mistakes by Miss Green.
　　(b) My mistakes were pointed out by Miss Green.
　　(c) Miss Green kindly pointed out my mistakes.

(3) (a) You should be very careful of your health.
　　(b) You should take good care of your health.
　　(c) Your health should be taken good care.

(4) (a) The passenger's money was stolen.
　　(b) Somebody robbed the passenger of his money.
　　(c) The passenger was stolen his money.
　　(d) The passenger was robbed of his money.
　　(e) The passenger had his money stolen.

[解答欄]

(1)	(2)	(3)	(4)

第4回 受動態

3 (1)〜(5)の文の英訳となるように，それぞれの英文を完成させなさい。

(1) このワープロは新品で，まだだれも使っていません。

This word processor is new ; it _____

_____ .

(2) 犬は毎日散歩に連れて行かないといけませんよ。

Dogs _____

_____ .

(3) 山荘は屋根が赤く塗ってあるので，遠くからでもはっきりわかります。

The roof of my cottage is painted red, so it _____

_____ .

(4) 私たちが冷たい水の中を泳いでいるのを見て，彼らは驚いていました。

　　They _____

　　_____ .

(5) この辞書は外国人に重宝がられて，よく売れます。

　　This dictionary is _____

　　_____ .

第5回

助動詞

1 次の各組の文がほぼ同じ意味になるように，空所に適当な語を入れなさい。

(1) (a) Though poor, she sent her son as much money as possible.
　　(b) Though poor, she sent her son as much money as (　　) (　　).

(2) (a) John has good reason to get angry with you.
　　(b) John (　　) (　　) get angry with you.

(3) (a) When she felt sad, she would often go to the movies.
　　(b) When she felt sad, she (　　) to go to the movies.

(4) (a) The rain fell so heavily that the river raged within minutes.
　　(b) So heavily (　　) the rain (　　) that the river raged within minutes.

(5) (a) I think we ought to stop this nonsense.
　　(b) We (　　) (　　) stop this nonsense.

第 5 回　助動詞

(6) (a) It is impossible that she was beautiful when young.
　　(b) She (　　) (　　) (　　) beautiful when young.

(7) (a) Surely he told a lie.
　　(b) He (　　) (　　) (　　) a lie.

(8) (a) Perhaps the rumor is not true.
　　(b) The rumor (　　) (　　) false.

(9) (a) He kept it a secret, but now he sees it was not necessary.
　　(b) He (　　) (　　) (　　) (　　) it a secret.

(10) (a) I hurried home not to miss her phone call.
　　(b) I hurried home lest I (　　) (　　) her phone call.

2 次の英文中の空所に適当な語を入れなさい。

(1) "Why didn't you go to the doctor?"
"I ( ), but he didn't do anything."

(2) "Do I have to tell her everything?"
"Yes, you ( )."

(3) "Must I eat this?"
"No, you ( ) not. Eat something else if you wish."

(4) "Can it be true?"
"No, I don't think so. He ( ) ( ) said so."

(5) "May I eat this lunch, Mr. Stone?"
"No, you ( ) not. You ( ) eat lunch in class!"

(6) Mr. May has to work day and night so that he (　　) earn his living.

(7) His appearance has changed so much that you (　　) well not recognize him.

(8) He knocked at the door again and again, but she (　　) not let him in.

(9) No matter how often I (　　) correct him, he always made the same mistake.

(10) When I returned home, the lights were on. I thought that someone (　　) (　　) returned to the house before me.

3 次の会話のうち，日本語の部分を英語に訳しなさい。

A : What does the weather forecast in the paper say?
B : (1) 今夜から雨になるそうよ。
A : Oh, really? Do you think we'd better give up the picnic we planned for tomorrow?
B : (2) だめ！ そうしないほうがいいわ。
　　(3) 中止じゃなくて延期したらどう？
A : But when can you go?
B : (4) 来週は忙しいけど，その次の週ならひまよ。あなたは？
A : (5) ぼくにも都合がいいな。

(1) _____

(2) _____

(3) _____

(4) _____

　　_____

(5) _____

第6回

仮定法

1 次の各文を与えられた書き出し文に書き換えなさい。

(1) As she is idle, they will not employ her.
　　If she _____

(2) Alex spoke so quickly that I was unable to follow him.
　　If Alex _____
　　_____

(3) We haven't brought a map, so we don't know which way to go.
　　If we _____
　　_____

(4) I am sorry I cannot speak English fluently.
　　I wish _____

(5) You should have joined the educational trip last month.
I wish _____

(6) His social position won him many influential friends.
If it _____

_____

(7) It is a pity that I did not work harder last year.
If only _____

_____

(8) As the doctor operated on him right away, he is still alive.
If the doctor _____

_____

2 次の日本文の英訳となるように，英文の空所にそれぞれ適当な1語または数語を入れなさい。

(a) 私があなたの立場にいれば，同じことをやるでしょう。
If I (1)＿＿＿＿＿＿＿ in your place, I (2)＿＿＿＿＿＿＿ the same thing.

(b) そんな向こう見ずなことをしようとするのは，あなたくらいのものでしょう。
No one but you (3)＿＿＿＿＿＿＿ to do such a reckless thing.

(c) もし彼が助けてくれなかったら，私はおぼれ死んでいたかもしれないでしょう。
If he (4)＿＿＿＿＿＿＿ me, I (5)＿＿＿＿＿＿＿ to death.

(d) クレオパトラの鼻が半インチ低かったら，世界の歴史は変わっていたでしょうに。
If Cleopatra's nose (6)＿＿＿＿＿＿＿ half an inch shorter, the whole history of the world (7)＿＿＿＿＿＿＿.

(e) 万一彼が私の留守中に訪ねてきたら，帰るまで待つように言ってください。
If he (8)＿＿＿＿＿＿＿ me while I am away, please tell him to wait till I come back.

3 次の英文の下線部を仮定法を用いて書き換えなさい。

(1) He treated me like a three-year-old boy.
　　He treated me _____

(2) Without freedom of speech there would be no progress in a democratic society.
　　_____,
　　there would be no progress in a democratic society.

(3) With a little more effort, you could have found the solution.
　　_____,
　　you could have found the solution.

(4) It is time for you to write to your mother.
　　It is time _____

4 次の英文の下線部を日本語に訳しなさい。

One's memory of any period must necessarily weaken as one moves away from it. <u>At twenty I could have written the history of my school days with an accuracy which would be quite impossible now.</u>

第7回

話法・数の一致

1 次の各組は(a)が直接話法，(b)が間接話法で書かれています。(a), (b)が同じ意味になるように適当な語句を入れなさい。

(1) (a) Kate said to me, "I saw your brother last night."
　　(b) Kate told me that _____
　　　　_____.

(2) (a) "From now on," John said, "I will do it myself."
　　(b) John said that _____
　　　　_____.

(3) (a) The teacher said to us, "Do you think it is right?"
　　(b) The teacher asked us _____
　　　　_____.

(4) (a) Yesterday I said to Helen, "May I call on you tomorrow?"
　　(b) Yesterday I asked Helen _____
　　　　_____.

(5) (a) He said to me, "Don't speak until you're spoken to."
　　(b) He told me _____

　　　　_____.

(6) (a) My father said to me, "Fine! You've done well."
　　(b) My father exclaimed to me with _____

　　　　_____.

(7) (a) Ben said, "I met Margaret last year, but I haven't seen her since."
　　(b) Ben said that he had met Margaret _____

　　　　_____.

(8) (a) My sister said to me, "_____."
　　(b) My sister suggested to me that we should go home.

(9) (a) Bob said to Mary, "_____

    _____."

(b) Bob told Mary that he would not accept the offer if he were in her place.

(10) (a) The lady turned to the clerk and said, "_____

    _____."

(b) The lady turned to the clerk and asked whether that dress was blue or black, saying that the light was very bad there.

第7回　話法・数の一致

2 次の日本文を英訳しなさい。ただし，間接話法を用いること。

(1) 1時間もすれば帰るよと言って，父は出かけて行きました。

(2) その女性はもう10歳だけ若返れたらいいのに，と言いました。

(3) 友達が，お金を取られたから少し貸してくれないかと私に頼んできました。

3 (1)〜(18)の英文中の空所に入れるのに，最も適当な語を次の[ ]内から選んで記入しなさい。

[am, are, is, was, were, have, has, do, does]

(1) Not only the boy's father but the boy himself (　) surprised when he won the race.

(2) The United States of America (　) larger than Mexico, but smaller than Canada.

(3) The intelligent (　) not always get the best marks in exams.

(4) Neither Margaret nor I (　) sorry for what we have done.

(5) There (　), when the party was over and everyone had left for home, only two sandwiches left on the table.

(6) When I went in, the black and white kitten (　) asleep on the sofa.

(7) A number of people from abroad (　) studying at this college in 1990.

(8) Mr. Jones together with his wife and children (　) been sick since last week.

(9) It is too expensive. Fifty dollars (　　) more than I can pay.

(10) Three hundred and sixty-five days (　　) equal to one year.

(11) Ham and eggs (　　) a common breakfast in the United States.

(12) I was told that the number of tickets (　　) limited.

(13) The doghouse was painted blue and inside (　　) seven puppies.

(14) Many a popular movie star (　　) used to receiving many letters from his or her fans.

(15) I as well as my brother (　　) going to participate in the game tomorrow.

(16) It is I that (　　) to blame; you are not in the wrong.

(17) Each of us (　　) a personality different from all others.

(18) Jiro is one of those students who (　　) not done the homework.

第8回

不定詞

1 (1)〜(10)の各文を（ ）内の指示にしたがって書き換え，下の英文を完成させなさい。

(1) It is time I was going. （単文に）
It is time _____.

(2) We can drive a small car more easily than a large one.
(A small car を主語に)
A small car is _____.

(3) You are very kind to say so. （It で始まる文に）
It is very kind _____.

(4) It happened that John met Lucy in Paris. （John を主語に）
John happened _____.

(5) It is said that the report had a lot of mistakes. （単文に）
The report _____.

(6) He pushed the door open so that she could enter.
(不定詞を用いて)
He pushed the door open _____.

(7) It is likely that our soccer team will win the championship.
(Our soccer team を主語に)
Our soccer team _____.

(8) Life is so short that we cannot be interested in everything.
(too を用いて)
Life is _____
_____.

(9) Care of the health is a matter of primary importance.
(It を主語に)
It is a matter of primary importance _____
_____.

(10) Nowadays girls learn a profession, too. This is the custom.
(2つの文を1文に)
Nowadays it is the custom _____.

2 次の各文の空所に適当な1語を入れなさい。ただし，何も入れる必要がない場合には，×を記入しなさい。

(1) You may come if you want (　　　).

(2) I thought (　　　) better not to say anything to him.

(3) Nancy does nothing but (　　　) cry all day.

(4) The refugees had neither houses to live (　　　) nor food to eat.

(5) He waited a moment (　　　) her to speak, but she said nothing.

(6) John was very excited; I could feel his heart (　　　) beat.

(7) Mary's father was kind (　　　) to take us all to the restaurant.

第8回　不定詞

3 下線を引いた不定詞に注意して，全文を日本語に訳しなさい。

(1) Thinking she would be nervous at meeting a strange man in such a lonely place in the dark, I stepped aside a good way, so as to give her plenty of room to pass.

(2) Night was closing in, and after a good meal we got back to our room and lay down to sleep. We awoke next morning to find the sky still clear and the sea smoother.

4 各文の英訳となるように（　）内の語句を用いて英文を完成させなさい。ただし、それぞれ不足している1語を補うこと。

(1) 何と言ったらよいのか彼はまったく困ってしまった。
 (a, at, loss, quite, say, to, was)
 He _____.

(2) 彼が自分のあやまちを告白するのを聞いて、私たちは大いに驚いた。
 (confess, were, hear, his, fault, astonished, to)
 We _____.

(3) ロバートは決してうそを言うような男ではありません。
 (a, is, last, lie, man, tell, the)
 Robert _____.

(4) 日本人が発音も文法も日本語とまったく違う英語をものにするのはなかなか大変だ。
 (and, different, English, from, grammar, in, is, Japanese, Japanese people, master, pronunciation, to, which)
 It is very hard _____

_____

_____.

52

第9回

分詞・動名詞

1 次の英文中の( )に入れるのに最も適当なものを選び，記号を○で囲みなさい。

(1) We saw a glimmering flying object ( ) toward us.
　ア．to come　イ．coming　ウ．to coming　エ．to be coming

(2) I don't think I can make myself ( ) in French.
　ア．understand　　　　　　イ．understood
　ウ．to understand　　　　　エ．to be understood

(3) When did you have your watch ( )?
　ア．repair　イ．repairing　ウ．repaired　エ．to be repaired

(4) He ( ) by the car.
　ア．was killed his cat　　　イ．was his cat killed
　ウ．had his cat killed　　　エ．had his cat to be killed

(5) ( ) the road, I missed my way.
　ア．Not knowing　　　　　イ．Knowing not
　ウ．For knowing not　　　　エ．Not known

(6) This book is really worth (　　) more than once.
　　ア. reading　イ. being read　ウ. to read　エ. of reading

(7) I am looking forward (　　) your postcard from Alaska.
　　ア. receiving　イ. to receive　ウ. to receiving　エ. in receiving

(8) I am afraid that Tom will never succeed (　　) her love.
　　ア. winning　イ. to win　ウ. to winning　エ. in winning

(9) When Jane came, I had just finished (　　) the term paper.
　　ア. writing　イ. to write　ウ. to have written　エ. in writing

(10) Do you mind (　　) the suitcase on this table?
　　ア. my putting　　　イ. for my putting
　　ウ. me to put　　　エ. for me to put

2 次の各組の(a)と(b)がほぼ同じ意味になるように，(b)の空所に1語ずつ入れなさい。

(1) (a) As I had answered the first question, I began to try the second.
(b) (　　) (　　) the first question, I began to try the second.

(2) (a) The matter had been settled, and the policemen left the scene.
(b) The matter (　　), the policemen left the scene.

(3) (a) Tired and discouraged, I went to bed earlier than usual.
(b) Since (　　) (　　) tired and discouraged, I went to bed earlier than usual.

(4) (a) I heard someone singing an American folk song.
(b) I heard an American folk song (　　) (　　) someone.

(5) (a) I remember that I saw her somewhere two or three times.
　　(b) I remember (　　) (　　) somewhere two or three times.

(6) (a) There is no hope that he will be saved.
　　(b) There is no hope of (　　) (　　) saved.

(7) (a) It is impossible to know what will happen to us next year.
　　(b) There is (　　) (　　) what will happen to us next year.

(8) (a) Whenever I see this picture, I think of my hometown.
　　(b) I cannot see this picture (　　) (　　) of my hometown.

3 次の日本文を英語に直しなさい。(1)〜(3)は(　)内の語のうち最も適当なものを選んで使用すること。

(1) 台所には牛乳が何本か残っています。
　　(leave, leaving, left)

(2) 私は作文をスミスさんに訂正してもらいたいと思っています。
　　(correct, collecting, corrected)

(3) 両親は妹が１人で旅行に行くのに反対しています。
　　(for, against, with)

(4) 晴れた日にはこの芝生の上に寝ころんで，青空に浮かんでいる雲を眺めながら，私たちはいろいろなことを語り合ったものでした。

第 10 回

名詞・代名詞・冠詞

1 次の英文中には不適当な語が1つずつ含まれています。その語に下線を引き，正しい形に直しなさい。

(1) Mr. Brown gave us a lot of informations about scholarship.
(　　　　　　　　)

(2) The bill met strong object from the opposition parties.
(　　　　　　　　)

(3) The burglar crawled into the room on all four.
(　　　　　　　　)

(4) When the boy was called by name, he jumped to his foot.
(　　　　　　　　)

(5) My uncle comes to see us every two week.
(　　　　　　　　)

(6) Mrs. Smith bought some ladie's underwear for her daughters.

(　　　　　　)

(7) Sarah's taste for clothing is better than her husband.

(　　　　　　)

(8) Three of us ― Nancy, Helen and me ― decided to join the tennis club.

(　　　　　　)

(9) Mathematics is one of Ben's favorite subject.

(　　　　　　)

(10) Nobody could speak to Andy. He was beside oneself with anger.

(　　　　　　)

2 次の英文中の空所に適当な冠詞を入れなさい。ただし，入れる必要がない場合は×を記入しなさい。

(1) You must take (　　) medicine three times (　　) day.

(2) I want you to be (　　) Newton, not (　　) Shakespeare.

(3) Bill patted me on (　　) shoulder and asked me what I had been doing in (　　) afternoon.

(4) In Japan workers are paid by (　　) month, while in Britain by (　　) week.

第10回 名詞・代名詞・冠詞

(5) Airplane travel is becoming increasingly popular, but travel by (　　) car is by far (　　) commonest.

(6) Peter told us (　　) such (　　) funny story that we all burst into (　　) laughter.

(7) (　　) most people said that they had never known so (　　) hot (　　) summer.

(8) Fred had to pay (　　) double (　　) usual price.

3 下の文中の空所に入れるのに最も適当な語を(a)〜(n)から選びなさい。

(a) one (b) ones (c) it (d) that (e) those
(f) both (g) all (h) either (i) neither (j) none
(k) other (l) the other (m) another (n) others

(1) Dennis came in. His hands were (　　) dirty with mud.

(2) It is one thing to make a plan, and (　　) to carry it out.

(3) I like fishing. I have a new fishing rod and several old (　　).

(4) The beer of Germany is said to be stronger than (　　) of our country.

(5) The meeting had to be held with only (　　) present.

(6) Two students answered the question, but (　　) of them was right.

(7) Betty bought two fashionable ties. One was for her father and (　　) was for her boyfriend.

(8) Lucy has not been ill for a long time, and she has forgotten what (　　) is like to be confined to bed for some days.

(9) Bill wants a portable word processor, but he cannot afford to buy (　　).

(10) Some of my father's golf clubs are imported ones and (　　) homemade.

4 日本語を参考にして，英文中の空所を完成させなさい。

(1)「鉛筆と紙を使っていいですか」「いいですよ。はいどうぞ」
Can I use a pencil and some paper? —— Yes, of course. Here (　　) (　　).

(2)「ここはどこですか」「もうじき新宿です」
Where (　　) (　　)? —— We're coming to Shinjuku in a minute.

(3)「試験に失敗したんだってね」「しかたないさ。ひどいカゼをひいていたんだから」
You failed the exam, didn't you? —— I couldn't (　　) (　　). I had a terrible cold.

第10回　名詞・代名詞・冠詞

5 次の日本文を英語に直しなさい。ただし，（　）内の語を用いること。

(1) あそこに見える建物が女子学生の寮ですよ。(dormitory)

　

　

(2) 彼のような才能の持ち主があの若さで死んだとは，かえすがえすも残念なことです。(it)

第11回

形容詞・副詞・疑問詞

1 次の英文中の下線部(a)(b)のうち，どちらか一方は不適当です．例にならって，誤っている語を正しい形に直しなさい．

(例)　Helen and Jane look very (a)much (b)like.
(答)　(b)　alike

(1)　I'm feeling (a)very better than (b)yesterday.

(2)　The (a)later half of this detective story is (b)quite interesting.

(3)　Bill works very (a)hardly every day (b)of the week.

(4)　If your sons don't go to see the circus, (a)mine won't, (b)too.

(5)　Last year there (a)were not (b)much earthquakes in Japan.

(6)　Isabel said that she had arrived there a (a)few days (b)ago.

(1) _____　(2) _____

(3) _____　(4) _____

(5) _____　(6) _____

(7) Can you imagine (a)how (b)beautifully the mountains look at sunset?

(8) The trouble was that his house was (a)rather too (b)narrow for his family.

(9) Our coach wanted us all to become (a)possible to swim (b)faster.

(10) You should be (a)respectable toward your (b)elders.

(7) _____ (8) _____

(9) _____ (10) _____

2 次の(a), (b)の2文がほぼ同じ意味になるように，空所に適当な1語を入れなさい。

(1) (a) My uncle kindly gave me one of his coins.
 (b) My uncle was kind (　　) to give me one of his coins.

(2) (a) Catherine plays golf very well.
 (b) Catherine is very (　　) at playing golf.

(3) (a) Mrs. Baker takes great pride in her son Dick.
 (b) Mrs. Baker is very (　　) of her son Dick.

(4) (a) You should be very careful in looking after the baby.
 (b) You should look after the baby very (　　).

(5) (a) It was unfortunate that the robber was not arrested.
 (b) (　　) the robber was not arrested.

3 次の文中の空所に few, little, many, much の適当な形を入れなさい。必要な場合には比較級・最上級に変化させること。

Many people think that there are (1)(　　　) Indians now than when the white settlers first came to America, but I have read that there are more. They have, however, (2)(　　　) land than they used to and cannot live by hunting and fishing. There is much poverty and much illness among the Indians. The (3)(　　　) white settlers came, the more land they took from Indians. There are not (4)(　　　) jobs for them when they do not have (5)(　　　) education. There are schools on the reservations. But (6)(　　　) go to high school and (7)(　　　) to college because they do not have money enough.

（注） reservation「(インディアンのための)特別保留地」

4 [ ]内の日本語を参考にして，次の英文中の空所に適当な語を入れなさい。

(1) How (　　　) were you absent from school? ［何回］

(2) How (　　　) is it from here to your father's office?
　　　　　　　　　　　　　　　　　　　　［距離はどのくらい］

(3) How (　　　) has he been ill in bed? ［いつから］

(4) How (　　　) can you afford? ［金額はいくら］

(5) How (　　　) will this be ready? ［いつごろまでに］

(6) How (　　　) do the trains run? ［何分おきに］

第 11 回　形容詞・副詞・疑問詞

5　次のＡとＢの会話を英語に直しなさい。

Ａ：来週はいつお伺い(うかが)したらいいでしょうか。
Ｂ：金曜日の午後が私にはいちばん都合がいいですね。あなたのほうはそれでいいでしょうか。

Ａ：

Ｂ：

第12回

関係詞

1 英文(1)～(12)の空所に入れるのに最も適当なものを，次の語句から選んで記入しなさい。

---
who, whose, whom, which, what, as, when, where, why, whoever, of which, of whom, for which, for whom, for what

---

(1) The man (　　) suit is blue is Mr. White's secretary.

(2) The dictionary the cover (　　) is torn is mine.

(3) The boy found the lost dog (　　) its owner had been searching.

(4) I met a boatman, (　　) kindly took me across the river by ferry.

(5) There isn't enough money (　　) I want to buy.

(6) I believe that swimming, (　　) is a good sport, makes people strong.

(7) You don't have to talk to such people (　　) may ignore you.

(8) June and September are the months (　　) we have a lot of rain.

(9) It is said that Chicago is the city (　　) you can easily get lost.

(10) They will sell the car to (　　) arrives first.

(11) Bertrand Russell is one of the philosophers (　　) I have the greatest respect.

(12) Margaret is no longer (　　) she was twenty years ago.

2 それぞれの下線部に注意して，次の英文を日本語に訳しなさい。

(1) We went to the door of the old church, <u>which</u> I was surprised to find open.

(2) The burglar tried to force the front door open, <u>which</u> was found impossible.

(3) There was something in his face <u>that</u> curiously attracted most people.

(4) For most children those parts of the brain which control language are fully developed by the age of nine.

_____

_____

(5) Human life consists of a succession of small events, each of which seems comparatively unimportant.

_____

_____

(6) Excitement is like a drug, of which more and more will come to be required.

_____

_____

3 次の日本文を英語に直しなさい。

(1) ここがあなたの言っていたスミスというアメリカ人が住んでいる家です。

(2) 何週間もの間ぼくが恐れていた日がついにやって来た。姉たちはぼくを取り囲み，「今日は学校が始まる日だよ」と言って，ぼくをつまみ上げた。

第 13 回

比 較

1 次の文の( )内のうち最も適当なものを選び，○で囲みなさい。

(1) This machine is (the most useful, the more useful, more useful) of the two.

(2) Tom has better memory than (any other boy, all other boys, all the boys) in his class.

(3) He was not able to keep himself, (no less, much less, nevertheless) his family.

(4) Mr. Minton's is the third (large, larger, largest) house in this town.

(5) John is three years junior (than I, than me, to me), but excels (than I, than me, me) in knowledge and wisdom.

2 次の英文を( )内の指示にしたがって書き換え，下の文を完成させなさい。

(1) The bird was half the size of an eagle. (large を用いて)

The bird was _____

(2) As he grew older, he became more convinced of the folly of the public.
(The older ... で始まる文に)

The older _____

_____

(3) It is not so much his ideals as his ideas that are bad.
(rather than を用いて)

It is _____

_____

3 それぞれの下線部に注意して，次の英文を日本語に訳しなさい。

(1) George was a nice, kindly, intelligent fellow and he seemed to take <u>as</u> great a fancy to me <u>as</u> I took to him.

(2) There is nothing too little for <u>so</u> little a creature <u>as</u> man. It is by studying little things that we attain the great art of having <u>as</u> little misery and <u>as</u> much happiness <u>as</u> possible.

(3) These old pictures are all the more precious nowadays because they are rare.

(4) The happier a man is, the longer he lives on; the more he suffers, the sooner he dies.

(5) The largest fortune cannot satisfy human wishes, but with care and method the smallest one can do it.

4 次の日本文を英語に直しなさい。ただし，(1)～(4)は（ ）内の指示に従うこと。

(1) トムは私の 10 倍くらい切手を持っています。

(as, as, has, have, I, postage stamps, Tom, about ten times に 1 語を加えて，正しく配列せよ)

_____

_____

(2) けさはいつもより 1 時間早く目が覚めた。

(hour, I, than, up, an, usual, woke, this morning に 1 語を加えて，正しく配列せよ)

_____

_____

(3) 知識があればあるほど成功する見込みは大きい。

(likely, the more, the more, you are, you have, to succeed に 1 語を加えて，正しく配列せよ)

_____

_____

(4) 私はこんなに恐ろしい交通事故を見たことがありません。
  ((a) 比較級を含む文に，(b) 最上級を含む文に)

  (a) _____

  (b) _____

(5) 外国人はよく日本語は習得するのがたいへん難しいと言います。しかし，英語が日本語よりもやさしいとは私には思われません。

_____

_____

_____

第14回

否定・比較

1 次の(a), (b)の2文がほぼ同じ意味になるように，空所に適当な語を入れなさい。

(1) (a) It is the most important thing to have self-confidence.
 (b) (　　) is so important (　　) to have confidence in yourself.

(2) (a) To almost all creatures their homes are the dearest places in the world.
 (b) To almost all creatures, (　　) other places in the world are (　　) than their homes.

(3) (a) A bat is no more a bird than a rat is.
 (b) A bat is not a bird, (　　) (　　) than a rat is.

(4) (a) Only ten persons were present at the meeting.
 (b) There were (　　) (　　) than ten persons present at the meeting.

第14回 否定・比較

2 それぞれの下線部に注意して，各組の文の意味を比較しなさい。

(1) (a) I lay down <u>not so much</u> to sleep <u>as</u> to think.
　　(b) He did <u>not so much as</u> say 'Thank you.'
　　(c) She walked past me <u>without so much as</u> nodding.

(a) _____

(b) _____

(c) _____

(2) (a) Helen is <u>never more</u> attractive <u>than</u> when she is working.
   (b) Helen is <u>no more</u> attractive <u>than</u> her mother is.
   (c) Helen is <u>not more</u> attractive <u>than</u> her sister Jane.
   (d) Helen is <u>no less</u> attractive <u>than</u> the movie star.
   (e) Helen is <u>not less</u> attractive <u>than</u> the movie star.

   (a) _____

   (b) _____

   (c) _____

   (d) _____

   (e) _____

(3) (a) It is <u>nothing more than</u> an accident.
   (b) It is <u>nothing less than</u> an invasion.

   (a) _____

   (b) _____

第14回　否定・比較

3 それぞれの下線部に注意して，次の英文を日本語に訳しなさい。

(1) <u>Nothing</u> will cause another to lose confidence in you <u>more</u> readily <u>than</u> a broken promise.

(2) I have often imagined what my feelings would be if a doctor told me that I had a fatal disease and had <u>no more than</u> a little time to live.

(3) We <u>cannot</u> create an observing faculty <u>any more than</u> we can create a memory.

(4) I know <u>no more</u> disagreeable trouble into which an author may plunge himself <u>than</u> of a quarrel with his critics.

4 次の日本文を英語に訳しなさい。

その問題は思っていたほど難しくなかったので,ほんの10分くらいで解くことができた。

_____

_____

_____

第15回

否 定

1 次の文が（ ）内の文とほぼ同じ意味になるように，空所に適当な1語を入れなさい。

(1) The windows are (　　) dirty to see through.
　　(= The windows are so dirty that we cannot see through them.)

(2) That little bridge is (　　) but safe.
　　(= That little bridge is not at all safe.)

(3) Mother is (　　) from being pleased; she is very angry.
　　(= Mother is not at all pleased; she is very angry.)

(4) Few people are (　　) from cares.
　　(= Few people are without cares.)

(5) He knows (　　) than to tell a lie.
　　(= He is above telling a lie.)

(6) The car (　　) to climb the hill.
　　(= The car was unable to climb the hill.)

(7) His ideas are sometimes (　　) than I can understand.
　　(= I sometimes cannot understand his ideas.)

(8) (　　) is the use of arguing with a child?
　　(= It is no use arguing with a child.)

(9) (　　) knows when the toothache will come?
　　(= Nobody knows when the toothache will come.)

(10) Tom was the (　　) man that I expected to see in such a place.
　　(= I never expected to see Tom in such a place.)

(11) I can never thank you (　　).
　　(= I don't know how to thank you.)

(12) I cannot, for the (　　) of me, think of anything original.
　　(= It is quite impossible for me to think of anything original.)

2 否定語に注意して，次の英文を日本語に訳しなさい。

(1) I haven't read both his novels, but judging from the one I have read, he seems to be a promising writer.

(2) Mother was sure that her four boys were the best little boys in New York. Other people didn't always agree with her, but she didn't know it.

(3) We cannot read a good and interesting book for an hour without being the better for it.

(4) Because a man is beyond praise, it does not follow that his every idea is too good to be looked into.

(5) There is hardly a poet, artist, philosopher, or a man of science, whose genius was not opposed by parents, guardians, or teachers.

(6) It is not necessary to do well in everything. There are practically no people who can do that, except, maybe, a superman. On the other hand, don't say you're hopeless, or there's no use in trying. Nobody is perfect; but nobody is hopeless, either.

3 次の日本文を英語に訳しなさい。

(1) 私の父はいっさい酒を飲まない。兄もそうだ。

(2) そんなつまらぬ話題に関心のある人はほとんどいないだろう。

(3) 今日では私たちの日常の会話の中に英語の2つや3つ使われないことはめったにない。

第15回　否　定

(4) 私たちのまわりには，おもしろい読み物がたくさんあるが，すべてが私たちを向上させてくれるとは限らない。

_____

_____

_____

(5) 人生はくり返しがきかないので，何事をするにも細心にすぎることはない。

_____

_____

_____

第16回

接続詞

1 ( )内から最も適当なものを選び，○で囲みなさい。

(1) Stop eating candy, (and, if, or, unless) you'll make yourself ill.

(2) I don't have any money, (either, neither, nor, so) do I have any credit cards.

(3) Mr. Jones is satisfied (that, though, what, with) all of his students passed his test.

(4) Mrs. Ford hasn't made up her mind (about, how, when, whether) to buy the house or not.

(5) (After, During, Stayed, While) in Europe, I visited a lot of art galleries.

(6) It's very nice to see you again. It's been more than three years (after, from, since, when) we last met, hasn't it?

(7) (Although, Because of, For, Since) nearly half the group became sick, the plan had to be cancelled.

(8) I won't help my sister any more (but, except, unless, without) she begs me.

(9) You may keep the book (as far as, as long as, though, until) you don't soil it.

(10) What a stupid fellow he is (as, because, since, that) he should get angry at such trifles!

2 それぞれ意味の通る文になるように，[ ]内の語を並べ換えなさい。文頭の語は大文字で書き始めること。

(1) I stayed on [fear, feel, for, he, lonely, might].
I stayed on _____

(2) I felt as [been, had, I, if, nose, on, punched, the].
I felt as _____

(3) [hard, however, may, try, you], it will be impossible to finish the work in a day.
_____, it will be impossible to finish the work in a day.

(4) Professor Stout spoke [a, in, low, such, that, voice] none of us could hear him.
Professor Stout spoke _____ none of us could hear him.

(5) The roof had fallen in, [cottage, inhabitable, not, so, the, that, was].

The roof had fallen in, _____

(6) [had, him, no, policeman, sooner, stopped, the] than he started running away.

_____ than he started running away.

(7) John wrote passionate letters to Mary [doing, every, felt, he, like, so, time].

John wrote passionate letters to Mary _____

(8) No more desk plan will do, [be, conceived, how, ingeniously, it, matter, may, no].

No more desk plan will do, _____

3 次の日本文を(　)内の語を用いて英語に訳しなさい。

(1) 歯をみがいてから寝なさい。(before)

_____

(2) ちょっと留守にしたすきに，どろぼうに入られた。(robbed)

_____

_____

(3) ただ貧しいからといって人を軽蔑してはいけない。(simply)

_____

_____

第16回　接続詞

(4) 私はファックスを受け取るとすぐ彼の事務所へ電話をかけた。（soon）

(5) 彼は，立ち去るところを人に見られないように暗くなるまで待っていた。（leave）

4 下線部に注意して，次の英文を日本語に訳しなさい。

It is not the number of books which a young man reads that makes him intelligent and well informed, <u>but</u> the number of well-chosen ones that he has mastered.

第17回

前置詞

1 ( )内の日本語を参考にして，空所に適当な前置詞を入れなさい。

(1) Can you tell the ass (　　) the pony?　（区別する）

(2) She is always dressed (　　) white.　（服を着ている）

(3) I became acquainted with Meg (　　) Mr. Scriver.
　　　　　　　　　　　　　　　　　　　　（～の紹介で）

(4) Payment will be made (　　) delivery.　（配達されしだい）

(5) We'll pay you $20 (　　) your service.　（サービス代として）

(6) She always buys milk (　　) the gallon.　（ガロン単位で）

(7) He eats nothing (　　) fruit for breakfast.　（果物だけしか）

(8) You can't master English (　　) a month or two.
　　　　　　　　　　　　　　　　　　　　（1, 2か月で）

(9) He visited some temples (　　) his stay in Kyoto.
　　　　　　　　　　　　　　　　　　　　（滞在中に）

(10) I haven't seen Tom (　　) two weeks ago.　（2週間前から）

第17回　前置詞

⑾　Don't cross the street (　　　) a red light.　（無視して）

⑿　The score now is two (　　　) nothing.　（2対0）

⒀　You should never fail to be there (　　　) seven.
　　　　　　　　　　　　　　　　　　　　　（7時までに）

⒁　He died suddenly (　　　) heart failure.　（心臓まひで）

⒂　I want to make up (　　　) lost time.　（埋め合わせる）

⒃　I am convinced (　　　) these facts.　（確信する）

⒄　Thoughts are expressed (　　　) means of words.
　　　　　　　　　　　　　　　　　　　　　（言葉によって）

⒅　(　　　) all his wealth, he is not at all happy.　（裕福なのに）

⒆　He took me (　　　) the arm and made me walk with him.
　　　　　　　　　　　　　　　　　　　　　（腕を取る）

⒇　I have nothing more to say (　　　) to this question.
　　　　　　　　　　　　　　　　　　　　　（～について）

2 次の各組の英文がほぼ同じ意味になるように，空所に適当な前置詞を入れなさい。

(1) What has happened to John?
　= What has become (　　) John?

(2) I tried again but did not succeed.
　= I tried again (　　) success.

(3) Some objected to our plan. = Some were (　　) our plan.

(4) He is mad with anger. = He is (　　) himself with anger.

(5) You need not pay for it. = You can have it (　　) nothing.

(6) She said, "Can I have the photo?"
　= She asked (　　) the photo.

(7) He did not know what to say.
　= He was at a loss (　　) words.

(8) Would you like another cup?
　= Would you care (　　) another cup?

(9) The author's name is familiar to us.
　= We are familiar (　　) the author's name.

(10)　I felt pity when I saw the poor children.
　　＝I felt pity (　　) the sight of the poor children.

(11)　When Nancy heard the sad news, she began to cry.
　　＝(　　) hearing the sad news, Nancy began to cry.

(12)　He failed repeatedly, but he never gave up.
　　＝He never gave up (　　) spite (　　) his repeated failures.

(13)　My uncle gave me a watch as well as a camera.
　　＝My uncle gave me a watch (　　) addition (　　) a camera.

(14)　She didn't stay at home, but she went out.
　　＝(　　) (　　) staying at home, she went out.

(15)　The name of the person responsible for our new project will soon be announced.
　　＝The name of the person (　　) charge (　　) our new plan will soon be announced.

3 次の文中の空所に前置詞が必要ならばその前置詞を，不必要ならば×を書き入れなさい。

Get on the bus for the station. When it approaches (1)(　　) the station, you will see a big fountain (2)(　　) your left. The hotel you are speaking (3)(　　) is near (4)(　　) this fountain, so you will have no trouble locating it. The hotel is not inferior (5)(　　) any first-class hotel (6)(　　) the world, and they will take care (7)(　　) all your personal needs, free (8)(　　) charge. Moreover, if you turn right at the corner, you will find the Central Post Office (9)(　　) which is (10)(　　) your service twenty hours a day.

4 下線部に特に注意して，次の英文を日本語に訳しなさい。

In spite of <u>the love of the parents for their child</u> and <u>their fears for her safety</u>, they both knew that their daughter was an incredibly stupid, dull little girl. <u>This knowledge</u> only added to their fears.

第18回

出題形式別・実戦問題演習（1）

《選択完成問題》

1 各文の空所を補うのに最も適当な語を(A)〜(K)から選びなさい。同じ語をくり返し使ってもよい。また，空所に何も補う必要のない場合には(L)を選びなさい。

(A) at (B) by (C) for (D) from (E) in (F) into
(G) of (H) on (I) to (J) under (K) with (L) NO WORD

(1) "When will her plane be arriving _____?" "I have no idea."

(2) The currency exchange rate of nearly 100 yen _____ the dollar was historic.

(3) The chain store tried to earn exceptionally high profits _____ the cost of consumers.

(4) I think I'm safe in saying that everyone will be _____ our proposal.

(5) You can contact him _____ telephone, anytime between 9 a.m. and 5 p.m.

(6) The call _____ stricter anti-pollution controls remains unheard.

(7) Fans _____ their teens and early 20s rushed toward the stage.

(8) He jumped into the river and saved the little girl _____ drowning.

(9) "Is there anything I can help you _____?" "Yes, I'm looking for a man called Allan White."

(10) The man worked far _____ the night to buy the house for his family.

(11) To say he was ignorant _____ the ways of the world is no excuse.

(12) When the earthquake hit, all the pictures _____ the wall fell to the floor.

(13) The president said that the matter was _____ consideration.

(14) This change means a departure _____ the traditional way of conducting elections.

(15) The group criticized the government _____ destroying the natural environment.

（早大・人間科学）

2 次の文の( )に入れるのに適当な語句をア〜クから選びなさい。

(1) We went from Sendai to Aomori (　　) Morioka.

(2) The match was postponed (　　) a heavy rain.

(3) Nagano will be connected with Tokyo (　　) a new expressway.

(4) (　　) being pretty, Jane is very clever.

(5) Taro attended the party (　　) seeing Junko there.

(6) As for my baby, I'll leave her (　　) my mother.

　　ア．according to　　　イ．for the purpose of
　　ウ．in addition to　　　エ．in the care of
　　オ．on account of　　　カ．by way of
　　キ．in comparison with　ク．by means of

(小樽商大)

《連立完成問題》

3 次の各組の文がほぼ同じ意味を表すように、（　）の中に適当な1語を入れなさい。

(1) She had a habit of hitting the wrong key of the typewriter.
　　She (　　) (　　) the wrong key of the typewriter.

(2) My father died a most unhappy man, although he had an immense fortune.
　　My father died a most unhappy man (　　) (　　) his immense fortune.

(3) This is a plastic model of a ship which I made myself.
　　This is a plastic model of a ship of (　　) (　　) making.

(4) The house whose roof is painted green is my uncle's.
　　The house the roof (　　) (　　) is painted green is my uncle's.

(5) I advise you not to borrow money from your friends.
　　You (　　) (　　) not borrow money from your friends.

(6) I am sorry that she is absent from the conference.
　　I am sorry about (　　) (　　) from the conference.

(7) I didn't expect him to be so strong.
　　He is (　　) (　　) I expected.

(8) Would you mind my moving your car?
　　Would you object (　　) I (　　) your car?

(9) They planned to cross the river but failed.
　　They planned to cross the river (　　) (　　) fail.

(10) His brother had a fatal wound in the chest yesterday.
　　His brother was (　　) (　　) in the chest yesterday.

（小樽商大）

《書き出し指定完成問題》

4 次の日本文に相当する意味になるように空所を埋め，英文を完成させなさい。

(1) 彼は映画を見ている間に時計を修繕してもらった。

　　He had _____

　　_____

(2) 彼女が帰るまで待つよりほかに仕方がないと思った。

　　I thought that _____

　　_____

(3) 10分ほど歩くと子供のころによく泳いだ川に出た。

About ten minutes' walk _____

_____

(4) 私たちは健康に有害な食品を知らずに食べていることがよくある。

We often _____

_____

（関西学院大・文）

第19回

出題形式別・実戦問題演習 (2)

《正誤判定問題》

1 次の英文のA～Dのうち，誤った英語を含んだ部分がある場合にはA～Dの中の1つを，誤りがない場合にはEを選びなさい。

(1) After ᴬworking with the company for ᴮover 40 years, he ᶜwas elected as ᴰpresident. ᴱNO ERROR

(2) The old couple ᴬare ᴮconsidering ᶜof living in a cottage ᴰseparated from the neighbors. ᴱNO ERROR

(3) We ᴬwill be ᴮsure to visit you again ᶜwhen ᴰyou are convenient. ᴱNO ERROR

(4) ᴬNot ᴮall of Japanese can recognize ᶜevery character ᴰused to print Japanese newspapers. ᴱNO ERROR

(5) I ᴬhave been dreaming ᴮto climb the mountain to watch the sun ᶜrise above ᴰthe horizon. ᴱNO ERROR

(6) A ᴬlarge group of people ᴮwas gathering around the little girl ᶜsleeping ᴰon the bench. ᴱNO ERROR

(7) ᴬA quite remarkable interest in ᴮdinosaurs ᶜhave been developing among people ᴰgoing to movie theaters. ᴱNO ERROR

(8) ᴬAnyone ᴮinterested is eligible for the contest ᶜregardless of ᴰage, sex and nationality. ᴱNO ERROR

(9) The storm ᴬis bringing ᴮhigh winds and rain ᶜbut causing no ᴰmajor damages. ᴱNO ERROR

(10) ᴬThe dark clouds suggested that ᴮthe weather ᶜdid not improve since ᴰyesterday. ᴱNO ERROR

(11) Japanese people invite ᴬoutsiders ᴮinto their homes ᶜmuch less often than ᴰthe British does. ᴱNO ERROR

(12) "How many ᴬcopies do you want to ᴮhave printed?" "ᶜFive hundred, I ᴰwould say." ᴱNO ERROR

(早大・人間科学)

《誤文訂正問題》

2 次の各英文の下線部 A～D の中に，文法的，あるいは，語法的な誤りが1つずつあります。その箇所を指摘し，正しい英語に直しなさい。

(1) Ken changed his major ^Afrom French to English, ^Bhoping ^Cto find a job ^Dmore easy.

(2) I ^Atalked with the president every night ^Bfor two months and ^Cfound it ^Dexhausted.

(3) ^AThere was ^Ba striking resemblance ^Camong ^Dthe mother and baby.

(4) ^AFrom the moment I saw her, ^BI knew ^Cthat she was ^Da really politician.

(5) I ^Awas walking along the street when I ^Bwas realizing that a detective, whom I ^Chad seen twice already that day, ^Dwas following me.

(6) The deluxe tour ᴬof Andes includes ᴮa two-day stay at ᶜthe spectacular Machu Pichu ᴰruins.

(7) ᴬAs there will be an agent at the airport ᴮto meet you as soon as you ᶜarrived in New York, you ᴰneedn't worry about changing money or reserving a hotel.

(8) Tom's decayed teeth ᴬwere troubling him, so he went to a dental surgeon ᴮto see about having ᶜthem ᴰpull.

(9) The witness reported that he ᴬsaw the suspect ᴮleft the bank ᶜcarrying a flight bag and ᴰarmed with a gun.

(10) ᴬThe harder I tried ᴮto convince him ᶜto change his mind, the more ᴰdetermination he was to carry out the project. 　　　　　　　　　　　　　　　　　(長崎大)

《誤文選択問題》

3 次の各組の英文より，文法的，語法的に誤っているものをそれぞれ1つ選びなさい。

(1) イ．The school awarded Mary a prize for her good work.
　　ロ．I suppose I felt slightly jealous.
　　ハ．His attitude suggests that he is not really interested.
　　ニ．I apologized for him to have stepped on his foot.

(2) イ．She was pressing her nose against the window.
　　ロ．You should not talk about Jack behind his back.
　　ハ．My mother asked me to go for errand.
　　ニ．We are very much obliged to you for your help.

(3) イ．There were beads of sweat on his forehead.
　　ロ．He gave me lots of valuable advices on my study of biology.
　　ハ．Cats belong to one class of animals, while fish to another.
　　ニ．This store carries a wide range of household equipment.

(4) イ. He had no company on the journey.
　ロ. The expression on his face betrayed his feelings.
　ハ. The hospital has to accept emergency cases resulting from natural disasters.
　ニ. He came here on the purpose for borrowing some money from me.

(5) イ. Will three o'clock be convenient for you?
　ロ. Most people were favorite to the idea.
　ハ. I'm always suspicious of men like him.
　ニ. Four lively youngsters suddenly burst into the room.

(6) イ. The mayor to whom she wrote a letter told her the truth.
　ロ. He was accused for a crime of violence which he was innocent.
　ハ. I have no intention whatever of resigning.
　ニ. What he really needs is a nice cup of tea.

（関西学院大・理）

第 20 回

出題形式別・実戦問題演習 (3)

《整序問題》

1 次の日本文の意味を表すように，（ ）中の語句を並べ換えて英文を完成させなさい。

(1) あの歌を聞くと必ず高校時代を思い出す。

I (that / hear / never / remembering / song / without) my high school days.

I _____
my high school days.

(2) この帽子を見て何を思い出しますか。

What (of / remind / this / hat / you / does)?
What _____?

(3) 話し出してから，初めて彼だとわかった。

It was not (speak / heard / I / him / that / until) I recognized him.

It was not _____
I recognized him.

(4) 彼女のことを考えまいとしても無理だった。

It (impossible / was / not / me / to / for) think of her.
It _____ think
of her.　　　　　　　　　　　　　((1)-(4)関西学院大・経)

(5) 先日貸した本を返してもらいたい。

I (I / lent you / return / the book / to / want / you) the other day.

I _____ the other day.

(6) 明日の今頃は汽車の旅に出かけていることでしょう。

At (be traveling / on / the train / this / time / tomorrow / we will).

At _____

_____.

(7) ちょっとそれを開けてくれませんか。

Perhaps (be / enough / it / kind / open / to / would / you).
Perhaps _____.

(8) 行きたくなくても行かねばなりません。

You've (go / got / it / like / or / to / whether / you) not.
You've _____

_____ not. ((5)-(8)早大・法)

《選択整序問題》

2 英文の空所すべてに，それぞれの下に与えられた語の中から最も適当な1語を選んで入れ，日本文の意味になるようにしなさい。選択肢は3語ずつ余分に与えてある。使用は1語1回かぎりとする。

(1) 新しい見地が伝統的な見地にとって代わった。
　　Traditional (　　) (　　) (　　) (　　) (　　) (　　).
　　(イ) gave　(ロ) had　(ハ) newer
　　(ニ) ones　(ホ) place　(ヘ) substituted
　　(ト) took　(チ) to　(リ) viewpoints

(2) あの小道は雨が降るとぬかるみやすい。
　　That (　　) (　　) (　　) (　　) (　　) (　　) (　　) (　　).
　　(イ) after　(ロ) always　(ハ) apt　(ニ) be　(ホ) easily
　　(ヘ) is　(ト) muddy　(チ) path　(リ) rain　(ヌ) seldom
　　(ル) to

(3) 君は英語で用が足せますか？

Can (　) (　) (　) (　) (　) (　)?

(イ) English　(ロ) in　(ハ) let　(ニ) make　(ホ) to　(ヘ) understand　(ト) understood　(チ) you　(リ) yourself

(4) 彼はそれを1人ですることを何とも思っていない。

He (　) (　) (　) (　) (　) (　) (　).

(イ) by　(ロ) does　(ハ) doing　(ニ) himself　(ホ) it　(ヘ) not　(ト) nothing　(チ) of　(リ) think　(ヌ) thinks

(学習院大・文)

《語数指定英訳問題》

3 それぞれ指定の語数で英語に訳しなさい。[ ]の中に与えられた語句をそのままの順序で，形を変えずに用いること。don't などの短縮形は1語に数え，コンマ，ピリオド，疑問符などは1語に数えない。

(1) この湖の深さはどのくらいだと思いますか。(8語)
[think / is]

(2) 私はそれが誰のものか知りたい。(8語)
[I'd / belongs]

(3) あれから何回もお手紙を差し上げました。(8語か9語)
[written / times]

(4) 彼女は子供を助けようとしてもう少しでおぼれるところだった。
　　[drowned / rescue]　　　　　　　　　　　　（8語か9語）

_____

_____

(5) 今決定するにはまだ早すぎる。（9語）
　　[far / early / make / now]

_____

_____

(6) 彼は会議で自分の考えをわかってもらうのに苦労した。（11語）
　　[hard time / himself / at the meeting]

_____

_____

（早大・法）

························· MEMO ·························

MEMO

········· MEMO ·········

MEMO

·························· MEMO ··························